Renate Bleeken

Lernfeld
Magazin

Lehrplanorientiertes Basiswissen
zu Aufgaben und Arbeitsabläufen des Magazins
in gastronomischen Betrieben

MATTHAES VERLAG GMBH

ISBN 3-87516-711-2

Alle Rechte vorbehalten.
Nachdruck, auch auszugsweise, sowie Verbreitung durch
Fernsehen, Film und Funk, durch Fotokopie, Tonträger oder
Datenverarbeitungsanlagen jeder Art nur mit
schriftlicher Genehmigung des Verlags gestattet.
© 2003 Matthaes Verlag GmbH, Stuttgart
Gesamtherstellung: Matthaes Druck, Stuttgart
Printed in Germany

Inhalt

1 Magazin und Einkauf

- 1.1 Was ist ein Magazin? ... 5
- 1.2 Einkauf ... 6
- 1.2.1 Rabatt, Skonto und Einstandspreis (EP) ... 7
- 1.3 Beispielrechnung zu Rabatt und Skonto ... 8
- 1.4 Beispielrechnung zu brutto für netto ... 8
- Aufgaben ... 9

2 Hygiene im Magazin

- 2.1 LMHV und HACCP ... 14
- 2.2 Hygienische Risiken im Magazin ... 16
- 2.2.1 Analyse der hygienischen Gefahren und Risiken („Hazard Analysis") ... 17
- 2.2.2 Identifikation der kritischen Kontrollpunkte und Prüfmaßnahmen (CCPs) ... 18
- 2.2.3 Dokumentation ... 19
- Aufgaben ... 23

3 Warenannahme

- 3.1 Arbeiten in der Warenannahme ... 24
- 3.1.1 Stimmt die Ware mit der Bestellung und dem Lieferschein überein? ... 25
- 3.1.2 Ist die Ware in Ordnung? ... 28
- 3.1.3 Wie wird die Ware einsortiert? ... 32
- 3.1.4 Wo wird der Wareneingang verzeichnet? ... 32
- 3.1.5 Stimmt die Rechnung? ... 33
- Aufgaben ... 33

4 Amerikanische und britische Maß- und Gewichtseinheiten

- 4.1 Umrechnungen ... 35
- Aufgaben ... 36

5 Hohlmaße und Gewichte

- 5.1 Umrechnungen ... 40
- Aufgaben ... 42

6 Lagerhaltung

- 6.1 Vor- und Nachteile der Lagerhaltung ... 45
- 6.2 Nicht zu viel und nicht zu wenig ... 45
- 6.3 Warenarten ... 46
- 6.4 Lagerbedingungen ... 46
- 6.4.1 Hygiene ... 46
- 6.4.2 Schädlinge ... 47
- 6.4.3 Temperatur und Luftfeuchtigkeit ... 47
- 6.4.4 Ausstattung und Einrichtung der Lagerräume ... 48
- 6.4.5 Aufteilung der Lagerräume ... 49
- 6.4.6 Getrennte Lagerung der Lebensmittel ... 50
- 6.5 Kühllagern in Kühl- und Tiefkühlräumen ... 51
- 6.6 Empfohlene Lagerbedingungen ausgewählter Lebensmittel ... 52
- 6.7 Kühl- und Normallagern von Getränken ... 54
- 6.8 Normallagern ... 54
- 6.9 Lagerung von Abfällen ... 55
- 6.10 Sichtkontrolle der lagernden Produkte ... 55
- 6.11 Beispielrechnung zum Schwund ... 56
- Aufgaben ... 56

7 Warenausgabe

- 7.1 Verteilen der Ware ... 60
- 7.2 Keine Ware ohne Bon ... 61
- Aufgaben ... 62

8 Magazinverwaltung

- 8.1 Warendateien ... 64
- 8.2 Prüfen der Lagerbestände ... 66

	8.3	Lagerkennzahlen	66
	8.3.1	Durchschnittlicher Lagerbestand	67
	8.3.2	Warenumschlag	67
	8.3.3	Durchschnittliche Lagerdauer	68
	8.3.4	Reservebestand	68
	8.3.5	Meldebestand	68
	8.3.6	Höchstbestand	69
		Aufgaben	69

9 Kaufvertrag

	9.1	Rechtliche Grundlagen	72
	9.2	Willenserklärungen	72
	9.3	Entstehen eines Kaufvertrags	73
	9.4	Anfrage	75
	9.5	Angebot	75
	9.5.1	Erklärungen zu Begriffen in Angeboten und Bestellungen	77
	9.6	Bestellung	78
	9.7	Auftragsbestätigung	81
	9.8	Eigentumsübertragung	81
	9.9	Einige besondere Kaufverträge	81
	9.10	Störungen des Kaufvertrags	83
	9.10.1	Mangelhafte Lieferung	83
	9.10.1.1	Mängelrüge	84
	9.10.1.2	Rechte des Käufers bei mangelhafter Ware	84
	9.10.2	Lieferungsverzug	85
	9.10.2.1	Rechte des Käufers bei Lieferungsverzug	85
	9.10.3	Annahmeverzug	86
	9.10.3.1	Rechte des Verkäufers bei Annahmeverzug	86
	9.10.4	Zahlungsverzug	87
	9.10.4.1	Rechte des Verkäufers bei Zahlungsverzug	87
		Aufgaben	88

10 Schriftverkehr im Magazin

	10.1	Geschäftsbriefe	90
	10.1.1	Briefe im Magazin	93
	10.2	Organisation der Ablage	100
		Aufgaben	101

11 Postbearbeitung

			102
		Aufgaben	104

12 Kommunikation im Magazin

	12.1	Regeln zum Telefonieren	105
	12.2	Guidelines on using the telephone	105
	12.3	Regeln für schriftliche Mitteilungen	106

13 Datenverarbeitung

	13.1	Hardware	107
	13.2	Software	107
	13.3	Datenverarbeitung im Magazin	107
	13.4	Datenschutz	108
	13.4.1	Passwort	109
	13.5	Internet	109
	13.5.1	Sicherheit im Netz	110
		Aufgaben	110

	Lösungen	111
	Englische Fachbegriffe (Vocabulary List)	143
	Literaturverzeichnis	144

1 Magazin und Einkauf

1.1 Was ist ein Magazin?

Ein Magazin ist ein **Warenlager**. Dazu gehören Kühl-, Tiefkühl-, Keller- und andere Räume, in denen Waren für den Betrieb gelagert werden. Es werden Lebensmittel und Bedarfsgegenstände bevorratet. Die Waren werden in „Food" (das sind Lebensmittel) und „Nonfood" (das sind alle Waren, außer Lebensmitteln) unterteilt.

Je nach Betriebsart und -größe ist das Magazin groß oder klein. Die Betriebsabläufe und Aufgaben im Magazin bleiben jedoch die gleichen, denn in jedem Betrieb werden Waren gelagert.

Ebenfalls von der Betriebsgröße abhängig ist die Zahl der Beschäftigten im Magazin. Es ist möglich, dass nur ein **Magazinverwalter** arbeitet oder mehrere Personen für **Einkauf, Kontrolle, Lagerung** und **Warenausgabe** zuständig sind. In großen Hotels arbeiten z. B. eine Wäschebeschließerin (sie organisiert das Wäschelager) und ein Kellermeister (er ist für den Weinkeller verantwortlich). Der Verwalter des Magazins ist für die Organisation und den Warenfluss zuständig. Oft ist ein Food-and-Beverage-Manager (Wirtschaftsdirektor) dem Magazinleiter übergeordnet.

Der Leiter des Magazins ist im Hotel mobil. Er muss sich zur Kontrolle oder zur Warenausgabe in verschiedenen Abteilungen aufhalten. In der Regel gibt es ein Büro für Magazin- und Lagerverwaltung. Bei der Einrichtung dieses Arbeitsplatzes sollte jedoch auf ergonomisch angepasste Büromöbel und benutzerfreundliche Computer geachtet werden.

Ein Magazin muss so organisiert sein, dass der Betrieb reibungslos funktionieren kann. Durch sinnvollen Einkauf und vorteilhafte Lagerung lassen sich Gewinne erwirtschaften. Heute versucht man, die Lagerkapazitäten möglichst gering zu halten, da gelagerte Ware Kapital bindet.

Arbeitsabläufe im Magazin

- Einkauf und Bestellung von Waren
- Kontrolle von Warenlieferungen
- Einsortieren von neuer Ware
- angemessene und qualitätsfördernde Lagerung von Waren
- Ausgabe von Waren an die verschiedenen Abteilungen
- Kontrolle von Warenbeständen
- Führen von Warendateien
- Ermittlung des Bedarfs und Verbrauchs von Waren
- jährliche Bestandskontrolle (Inventur)

1.2 Einkauf

In sehr **großen Betrieben** ist der **Einkauf zentral** geregelt, und der Leiter des Magazins hat kaum Einfluss auf die Einkaufsentscheidungen. Die einzelnen Abteilungen leiten ihre Bestelllisten nur weiter. Die Zentrale entscheidet darüber, bei welchem Lieferanten welche Ware bestellt wird. Oft werden die Listen der benötigten Waren in jeder Abteilung per Computer in die Warenanforderungsdatei eingegeben. Im Einkauf werden die Daten automatisch gesammelt, ausgewertet, und es erfolgt eine automatische Bestellung (per E-Mail oder Fax) beim günstigsten Anbieter.

In **Betrieben mittlerer Größe** kommt es vor, dass die Einkaufsentscheidungen vom **F&B-Manager** (Food-and-Beverage-Manager) getroffen werden. In **kleinen Betrieben** bestellt der **Küchenchef** direkt bei festen Lieferanten alle Lebensmittel und Bedarfsgegenstände für die Küche. Die Bestellung anderer Waren und große Anschaffungen werden vom Direktor dirigiert.

Der Einkäufer kann durch **gezielten Einkauf umweltfreundlicher Produkte** das ökologische Verhalten der Mitarbeiter eines gesamten Betriebs fördern.

Es ist sinnvoll, bei Lieferanten einzukaufen, die ortsansässig sind und einen kurzen Transportweg haben. Das spart Zeit, und es müssen nicht so viel Waren eingelagert werden, wenn schnell und oft geliefert werden kann.

Ökologischer Anbau von Lebensmitteln sollte durch gezielten Einkauf dieser Produkte unterstützt werden.

Wo es möglich ist, sind umweltfreundliche Produkte zu wählen, die es inzwischen dank der fortgeschrittenen Technik in sehr guter Qualität gibt.

Beispiele:

- Großgebinde statt Portionspackungen
- Gemüse, Backwaren und Getränke in Pfand- oder Mehrwegkisten
- Umweltschutzpapier für Faxgerät, Drucker, Kopierer und als Briefpapier
- Papierhandtücher und Toilettenpapier aus Recyclingpapier
- schonende Reinigungsmittel als Konzentrat mit Nachfüllbehältern

Beim Einkauf können Kosten gespart werden durch

gezielten Einkauf
nur die Waren kaufen, die tatsächlich benötigt werden

Ausnutzung von Sonderangeboten
abhängig von der Haltbarkeit der Produkte und der Lagerkapazität

Abnahme von größeren Mengen
bedingt durch die Haltbarkeit, die Lagerkapazität und das verfügbare Einkaufskapital

Angebotsvergleiche
für die gewünschte Ware bei mehreren Lieferanten oder Herstellern um Angebote bitten

Vergleich von Kauf- und Leasingverträgen
sinnvoll bei der Anschaffung großer Maschinen oder bei Hotelwäsche

Bezugsquellen und Informationen für zu beschaffende Waren findet man

- auf Fachmessen und Ausstellungen
- in Fachzeitschriften, -zeitungen und -büchern
- in Prospekten und Katalogen
- im Branchenbuch
- über Vertreter
- durch Warenproben und Muster
- durch Empfehlungen von Kollegen
- im Internet

Anschriften, Ansprechpartner, Lieferbedingungen und andere relevante Informationen werden in einer **Lieferantenkartei** gesammelt.

1.2.1 Rabatt, Skonto und Einstandspreis (EP)

Ob ein Preisnachlass gegeben und in welcher Höhe er gewährt wird, entscheidet der Verkäufer.

Wenn regelmäßig beim selben Lieferanten gekauft wird, gibt es häufig einen Treuerabatt. Wird eine große Menge eines Produkts abgenommen, kann es einen Mengenrabatt geben. Es gibt auch Sonderrabatte, z. B. bei Ausverkauf oder Messeangeboten.

Wenn die bestellte Ware geliefert wurde und die Rechnung möglichst schnell beglichen wird, kann Skonto gewährt werden. Dies ist eine Belohnung für den Käufer, wenn er seine Ware schnell bezahlt. Auf Rechnungen findet sich oft der Satz: „Bei Zahlung innerhalb von 10 Tagen gewähren wir Ihnen 2 % Skonto auf den Rechnungsbetrag."

- **Treuerabatt:**
  Nachlass für lange und „treue" Geschäftsbeziehung

- **Mengenrabatt:**
  Vergünstigung bei Abnahme großer Mengen einer Ware

- **Sonderrabatt:**
  Vergünstigung aufgrund eines besonderen Anlasses, z. B. Ausverkauf

- **Skonto:**
  Preisnachlass auf die Zahlungsschnelligkeit des Kunden

Beim Vergleich von Angeboten und der Ermittlung des günstigsten Preises muss vom Einstandspreis (EP) einer Ware ausgegangen werden. Dazu werden die ausgehandelten Rabatte und danach Skonto vom Angebotspreis abgezogen; Verpackungs- und Transportkosten werden hinzugerechnet. Im Einstandspreis ist noch keine Mehrwertsteuer enthalten. Sie fehlt in den Angeboten der Verkäufer sowie in den meisten Preislisten und muss hinzugefügt werden.

Berechnung des Einstandspreises

  Angebotspreis
– Rabatt (Mengenrabatt, Treuerabatt)
= Zieleinkaufspreis
– Skonto
= Bareinkaufspreis
+ Bezugskosten
= **Bezugs- oder Einstandspreis**

Obwohl die Einsparung von Kosten im Vordergrund steht, ist die Zuverlässigkeit des Lieferanten ein wichtiges Kriterium für sinnvollen Einkauf.

1.3 Beispielrechnung zu Rabatt und Skonto

Um Angebote zu vergleichen, müssen zunächst die Preisnachlässe vom Listenpreis abgezogen werden.

> **Rabatt** = Preisnachlass auf die Ware
> **Skonto** = Preisnachlass auf schnelle Zahlung

Rabatte und Skonto sind in % angegeben.
Rabatt und Skonto werden immer getrennt und nacheinander berechnet.
Es wird immer zuerst der Rabatt abgezogen und danach der Skonto.

Um den Wert der Preisnachlässe zu bestimmen, wird die Prozentrechnung angewandt:

> **Prozentwert** = Preisnachlass, der in € gesucht wird
>
> $$\frac{\text{Grundwert} \times \text{Prozentsatz}}{100}$$
>
> **Grundwert** = der Preis in €, von dem ausgegangen wird, Listenpreis
>
> **Prozentsatz** = angegebener Preisnachlass in %
>
> $$\frac{\text{Prozentwert} \times 100}{\text{Grundwert}}$$

Beispiel:

Die Rechnung für die Gemüselieferung von letzter Woche beträgt 186 €. Wenn der Rechnungsbetrag innerhalb von 10 Tagen überwiesen wird, räumt der Händler 3 % Skonto ein. Wie viel € müssen bei rechtzeitiger Zahlung überwiesen werden?

Prozentwert = ?
Grundwert = 186 €
Prozentsatz = 3 % Skonto

1. $? = \dfrac{186\,€ \times 3}{100} = \mathbf{5{,}58\,€}$

2. $\begin{array}{r} 186{,}00\,€ \\ -\ \ \ 5{,}58\,€ \\ \hline \mathbf{180{,}42\,€} \end{array}$

Bei Zahlung innerhalb von 10 Tagen müssen 180,42 € überwiesen werden. Es werden 5,58 € eingespart.

1.4 Beispielrechnung zu brutto für netto

Bei einigen Waren wird die Verpackung als Teil der Ware betrachtet, das wird „brutto für netto" (bfn.) genannt.

> **Nettogewicht** (Reingewicht der Ware OHNE Verpackung)
> **+ Tara** (Verpackung, z. B. Spankörbe, Eimer, Dosen, Eisstücke)
> **Bruttogewicht** (Gewicht der Ware inkl. Verpackung)

Wenn ein Preis für eine Ware als „bfn." angegeben ist, so ist das der Preis für das Bruttogewicht (Nettogewicht der Ware + Tara). Die Verpackung wird also als Teil des Warengewichts mit bezahlt.
Um den Preis des Nettogewichts der Ware zu bestimmen, muss die Tara abgezogen werden.

> **Bruttogewicht** (Ware + Verpackung)
> **− Tara** (Verpackung)
> **Nettogewicht** (Ware ohne Verpackung)

Beispiel:

Es werden 1,5 kg frische Pfifferlinge im Spankorb geliefert. Das Gewicht des Spankorbs (Tara) beträgt 10 %. Wie viel Gramm wiegt die Tara?

1. Bruttogewicht = 1,5 kg = 100 %
   − Tara = ? = 10 %
   Nettogewicht = ? = 90 %

2. 100 % = 1,5 kg = 1500 g
   15 % = ? g

   ? = (15 % × 1500 g) / 100 %
   = 150 g

Das Gewicht des Spankorbs beträgt 150 g.

Die Pfifferlinge kosten bfn. 11,60 €. Nach Abzug der Tara bleibt ein Nettogewicht von 1350 g Pfifferlingen, die 11,60 € kosten. Wie hoch ist der Preis für 1 kg Pfifferlinge?

1350 g = 11,60 €
1000 g = ? €

? = (1000 g × 11,60) / 1350 g
= 8,59 €

Der Kilopreis für die Pfifferlinge beträgt 8,59 €.

Aufgaben

1. Beschreiben Sie, was zu den Tätigkeiten eines Magazinverwalters gehört!

2. Beschreiben und begründen Sie, welche Eigenschaften jemand mitbringen sollte, der im Magazin arbeiten möchte!

3. Beschreiben Sie anschaulich und nachvollziehbar, wie in Ihrem Ausbildungsbetrieb das Magazin organisiert ist!

4. Für das Restaurant wurde ein neues Fischbesteck gekauft. Der Rechnungspreis beträgt 392 €. Bei Zahlung innerhalb von 10 Tagen räumt der Hersteller 2 % Skonto ein. Wie viel € müssen bezahlt werden?

5. Ein Messerkoffer steht mit 514 € in der Preisliste. Der Händler gewährt einen Sonderrabatt von 10 % für Auszubildende. Wie viel kostet der Messerkoffer nach Abzug des Rabatts für einen Auszubildenden?

6. Es werden 300 Flaschen Weißwein geliefert. Eine Flasche kostet 3,90 €. Wenn der Rechnungsbetrag innerhalb von 14 Tagen beglichen wird, dürfen 3 % Skonto abgezogen werden. Wie viel € sind zu zahlen?

7. Es liegt ein Angebot über Wäsche vor. Bei Abnahme von 250 Badehandtüchern wird ein Mengenrabatt von 10 % gewährt. Das Hotel benötigt nur 220 Handtücher. Ein Handtuch kostet 11,20 €. Berechnen Sie den Rechnungsbetrag für
   a) 220 Handtücher
   b) 250 Handtücher
   c) Was kostet ein einzelnes Handtuch bei einer Bestellung von 250 Stück und der Ausnutzung des Mengenrabatts?

Lernfeld Magazin

Aufgaben

8. Für die separate Lagerung von frischen Hühnereiern wird ein Kühlschrank gekauft. Er soll 420 € kosten. Wenn der Rechnungsbetrag innerhalb von 10 Tagen beim Verkäufer eingeht, dürfen 2,5 % Skonto abgezogen werden. Wie hoch ist der neue Rechnungsbetrag?

9. Der Feinkosthändler gewährt bei der Bestellung von Artischockenböden in Dosen einen Sonderrabatt von 12,5 %. Laut Preisliste kostet eine Dose normalerweise 2,90 €. Wie hoch ist der Rechnungsbetrag bei einer Bestellung von 60 Dosen?

10. Für das Hotel wird ein neuer Kleinbus angeschafft. Er soll 19 950 € kosten. Der Autohändler gewährt einen Treuerabatt von 8 %. Wenn der gesamte Rechnungsbetrag innerhalb von 14 Tagen bezahlt wird, werden zusätzlich 3,5 % Skonto eingeräumt. Wie viel € müssen nun für den Bus bezahlt werden?

11. Für ein Silvesterbüfett werden im Wert von 685 € frische Hummer geliefert. Der Händler gewährt einen Rabatt von 5 % und räumt 3 % Skonto ein, wenn die Rechnung innerhalb von 10 Tagen beglichen wird. Wie viel € werden nach Abzug der Preisnachlässe für die Hummer bezahlt?

12. Dem Einkäufer eines Restaurants liegen 2 Angebote über eine neue Schneidemaschine für die kalte Küche vor.

    Angebot 1: Die Maschine kostet 578 €. Es wird ein Rabatt von 3 % und bei Zahlung innerhalb von 7 Tagen 3 % Skonto gewährt.

    Angebot 2: Diese Aufschnittmaschine soll 620 € kosten. Beim Kauf würde ein Treuerabatt von 7 % gewährt und ebenfalls 3 % Skonto bei Zahlung der Rechnung innerhalb von 14 Tagen.
    a) Vergleichen Sie die Angebote!
    b) Für welches Angebot entscheiden Sie sich?

13. Es müssen verschiedenen Rechnungen per Überweisung bezahlt werden. Ermitteln Sie den korrekten Betrag, der auf der Überweisung nach Abzug der Preisnachlässe eingetragen werden muss.

Rechnungsbetrag	Rabatt	Skonto
5 369,00 €	15 %	3 %
326,00 €	5 %	2 %
22,80 €	3 %	1 %
18 847,65 €	7,5 %	3 %
2 263,45 €	13,5 %	2 %

14. Für das gelieferte Hotelporzellan werden 1525,20 € überwiesen. Der ursprüngliche Listenpreis betrug 1640 €. Wie viel Rabatt wurde eingeräumt?

15. Der Küchenchef kauft ein:

25	Enten	pro Stück	6,30 €
3 kg	Maronen	pro kg	3,65 €
10 kg	Äpfel	pro kg	1,56 €
25 kg	Rotkohl	pro kg	1,85 €
50 kg	Kartoffeln	pro kg	1,98 €

a) Wie hoch ist der Rechnungsbetrag?
b) Wie viel ist am Ende zu bezahlen bei einem Treuerabatt von 10 % und Skonto von 2 %?

16. Für das Restaurant wird neue Tischwäsche bestellt:

150	Tischdecken	140 x 140 cm	pro Stück 19,10 €
500	Servietten, blau	30 x 30 cm	pro Stück 3,80 €
50	Servietten, weiß	30 x 30 cm	pro Stück 2,95 €
300	Deckservietten	90 x 90 cm	pro Stück 17,85 €

Wie viel € müssen nach Abzug von 6,5 % Rabatt und 2,5 % Skonto bezahlt werden?

17. Der Preis für eine Fritteuse beträgt laut Angebot 692 €, nach Abzug eines Messerabatts beträgt der Preis noch 619,34 €.
Der Käufer nutzt auch den Skonto aus und überweist 597,66 €.
a) Wie hoch war der Messerabatt?
b) Wie viel Skonto wurde gewährt?

18. Der Rechnungsbetrag für die Bestellung von 15 Flaschen Campari für die Bar beträgt 136,50 €. Es wird ein Mengenrabatt von 3 % gewährt und 1 % Skonto bei Zahlung innerhalb von 10 Tagen.
a) Wie hoch ist der Preis für 1 Flasche, wenn beide Preisnachlässe in Anspruch genommen werden?
b) Wie viel € hat 1 Flasche vorher gekostet?

19. Der Wintergarten soll mit neuen Rattan-Möbeln ausgestattet werden.
Es liegen 3 Angebote vor.
Angebot 1: Preis: 13 250 € inkl. 16 % MwSt., bei Zahlung innerhalb von 14 Tagen 3 % Skonto.

Angebot 2: Preis: 13 650 € ohne MwSt., abzüglich 7,5 % Messerabatt, 2 % Skonto bei Zahlung innerhalb von 10 Tagen.

Angebot 3: Preis: 12 900 € ohne MwSt., abzüglich 5 % Rabatt.

Wie hoch sind die zu zahlenden Beträge der einzelnen Angebote?
Für welches Angebot entscheiden Sie sich?

Tipp:

Angebotspreis	Nettopreis	Rechnungsbetrag
– Rabatt	+ MwSt.	– Skonto
= Nettopreis	= Rechnungsbetrag	**= Zahlungsbetrag**

Lernfeld Magazin

Aufgaben

20. Nach Abzug von 3 % Skonto wurden 380 € für Dekorationsmaterial überwiesen.
Wie hoch war der Rechnungsbetrag?

21. Für eine Weinlieferung lautet der Rechnungsbetrag 889 €. Der Winzer gewährt einen Mengenrabatt von 3 %. Bei Zahlung innerhalb von 7 Tagen würden 2,5 % Skonto gewährt. Der Einkäufer des Restaurants bezahlt erst nach 8 Tagen.
a) Wie viel € müssen nun bezahlt werden?
b) Wie viel € hätten zusätzlich bei Ausnutzung des Skontos gespart werden können?

22. Streichholzbriefchen als Werbemittel werden zu 0,08 € das Stück angeboten. Bei einer Abnahme von 1000 Stück gibt es einen Mengenrabatt von 16 %. Bei einer Bestellung von 500 Stück würden 8 % Mengenrabatt gewährt.
In beiden Fällen dürfen bei Zahlung innerhalb von 10 Tagen 2 % Skonto abgezogen werden.
Wie hoch ist der Stückpreis eines Streichholzbriefchens bei
a) Bestellung von 1000 Stück?
b) Bestellung von 500 Stück?

23. Nach Abzug von 3 % Sonderrabatt und 3 % Skonto wurden für ein Infrarotthermometer 82 € bezahlt. Wie hoch war der Angebotspreis?

24. Es werden 5 kg frische Champignons geliefert, das kg kostet 3,70 €.
Die Tara beträgt 6 % des Gesamtgewichts.
a) Wie viel kg wiegt die Tara?
b) Wie hoch ist der bfn.-Preis für 1 kg Champignons?

25. Es werden 50 kg Schollenfilets auf Eis verpackt geliefert. Der Preis für 1 kg Schollenfilet beträgt bfn. 8,90 €. Die Tara beträgt 16 % des Gesamtgewichts.
a) Wie viel wiegt die Tara?
b) Wie hoch ist der Nettopreis für 1 kg Schollenfilet?
c) Wie hoch ist der Rechnungsbetrag?

26. Für die Patisserie werden 3 Eimer Aprikosenkonfitüre eingekauft. Sie wiegen zusammen 15 kg. Die Tara beträgt 5 %. Wie viel kg Aprikosenkonfitüre können tatsächlich verarbeitet werden?

27. Eine Kiste Birnen kostet bfn. 8,97 €. Das Bruttogewicht beträgt 14,500 kg.
Wie hoch ist der Nettopreis für 1 kg Birnen, wenn die Tara 9 % beträgt?

28. Es werden 70 kg frischer Rotbarsch auf Eis geliefert. Die Lieferung kostet bfn. 546 €.
Die Tara beträgt 19 %. Wie hoch ist der Nettopreis für 1 kg Rotbarsch?

29. Es werden 12 Dosen Ananasscheiben à 7,500 kg bestellt. Der Preis für 1 kg beträgt bfn. 1,77 €. Eine Dose wiegt 380 g.
a) Wie hoch ist das Nettogewicht?
b) Wie hoch ist der Nettopreis für 1 kg?

30. Es werden 10 kg Blaubeeren zu bfn. 24,35 € bestellt. Die Tara beträgt 6 %. Wie viel kostet 1 kg Blaubeeren netto?

31. Für 3 kg Himbeeren im Pfandkorb sind bfn. 13,70 € zu bezahlen. Der Korb wiegt 450 g. Wie hoch ist der Nettopreis für 500 g Himbeeren, wenn für den Korb 1,85 € Pfand erstattet werden?

32. Die Tara einer Lieferung beträgt 2,500 kg. Das entspricht 1,3 % des Gesamtgewichts. Wie hoch ist das Nettogewicht (Reingewicht) der Ware?

33. Die Tara einer Warensendung beträgt 1,700 kg. Das entspricht 0,9 % des Gesamtgewichts. Wie hoch sind Brutto- und Nettogewicht der Sendung?

2 Hygiene im Magazin

Kenntnisse über Hygiene gehören zu den Grundlagen des Berufswissens in der Gastronomie. Die entsprechenden Gesetze, Verordnungen und Maßnahmen werden ausführlich im Lernfeld Küche behandelt. Hygienisches Verhalten der Mitarbeiter im Magazin ist notwendig zur Vermeidung von gesundheitlichen Gefahren für Gäste und Personal.

2.1 LMHV und HACCP

Auf der Grundlage der „Europäischen Richtlinien über Lebensmittelhygiene" wurde 1997 die Lebensmittelhygiene-Verordnung (LMHV) erlassen, die seit 1998 bundesweit gültig ist. Die LMHV ersetzt die bisherigen Länderverordnungen. Sonderregelungen wie die Hackfleisch-, Fisch- oder die Milchverordnung bleiben bestehen.

In der LMHV sind Anforderungen an die Hygiene u. a. für das Herstellen und Behandeln von Lebensmitteln festgelegt. Außerdem enthält sie Bestimmungen über die Hygiene des Personals und der Betriebsräume, über Reinigung und Desinfektion sowie über Schädlingsbekämpfung und Abfallentsorgung.

Jede Verarbeitung und Herstellung von Lebensmitteln birgt gesundheitliche Risiken. Wenn das hygienische Verhalten des Personals und der hygienische Zustand von Rohstoffen, Betriebsräumen, Einrichtungen und Geräten nicht einwandfrei ist, können krankheitserregende Keime übertragen werden.

Der Gesetzgeber schreibt vor, dass durch **betriebseigene** Maßnahmen und **Kontrollen** die Entstehung gesundheitlicher Gefahren vermieden werden muss. Dies ist vor allem durch eine Orientierung an den Grundsätzen des HACCP-Systems zu erreichen.

H	=	Hazard	⇨	Gefahren-
A	=	Analysis	⇨	Analyse
C	=	Critical	⇨	kritischer
C	=	Control	⇨	Kontroll-
P	=	Points	⇨	Punkte

Das bedeutet, dass eine **Analyse aller hygienischer Risiken** („Hazard Analysis"), die bei der Herstellung einer Speise auftreten können, durchgeführt wird. Für jede Speise werden bei jedem Herstellungsschritt die „kritischen Punkte" (**„Critical Control Points" = CCPs**), die die hygienische Sicherheit eines Produkts bzw. einer Speise gefährden, festgelegt und die geeigneten Maßnahmen zur Überprüfung aufgelistet.

Dabei wird nicht nur auf **Sauberkeit** geachtet, sondern auch auf negative mikrobiologische Einflüsse (z. B. durch **Bakterien, Hefen, Schimmelpilze),** chemische Rückstände (z. B. durch **Reste von Reinigungs- und Desinfektions- oder Schädlingsbekämpfungsmitteln)** oder physikalische Einwirkungen (z. B. **Fremdkörper** wie Glassplitter, Steinchen, Metallabrieb von einer Maschine).

Theoretisch soll eine solche Analyse für jedes einzelne Produkt von der Rohstoffanlieferung bis zur Ausgabe der fertigen Speise angefertigt werden.

Aus praktischen Gründen können aber Kontrollmaßnahmen für mehrere Produkte zusammengefasst werden. Das ist abhängig von der Art und Größe des Betriebs.

Die Eigenkontrolle zur hygienischen Sicherheit im Betrieb nach dem HACCP-System ist in mehrere Schritte gegliedert.

Die Schritte der Eigenkontrolle zur hygienischen Sicherheit nach HACCP

I. Analyse der hygienischen Risiken in den Betriebsabläufen eines gastronomischen Unternehmens:
Die Herstellung der Speisen und Produkte und die möglichen hygienischen Gefährdungen werden von der Rohstoffanlieferung bis zur Ausgabe der fertigen Speisen beschrieben.

II. Identifikation der CCPs („Critical Control Points"):
Anhand der einzelnen Prozessschritte zur Herstellung werden die „kritischen Punkte" ermittelt. Das sind die Punkte bzw. Bereiche, an denen Risiken für Lebensmittel auftreten könnten.

III. Festlegung kritischer Grenzwerte:
Es werden Sollvorgaben wie Höchsttemperatur oder bestimmtes Aussehen eines Produkts für die CCPs festgelegt.

IV. Bestimmung der Prüf- und Überwachungsverfahren:
Es werden Vorschriften für die Überprüfung der Sollwerte festgelegt.

V. Festlegung von Korrekturmaßnahmen:
Es wird bestimmt, wie bei Abweichungen vom Sollwert reagiert werden soll.

VI. Dokumentation:
Alle Maßnahmen zu HACCP in einem Betrieb werden schriftlich festgehalten. Damit weist der Betrieb die vorgeschriebene Eigenkontrolle des Hygienestandards nach.
Sollte es einmal zu einer Reklamation oder zu einem Streitfall kommen, kann der Betrieb jederzeit die hygienische Unbedenklichkeit beweisen.

VII. Revision:
Die eingeleiteten hygienischen Maßnahmen werden regelmäßig von Vorgesetzten oder dem Hygienebeauftragten des Betriebs kontrolliert und gegebenenfalls aktualisiert.

2.2 Hygienische Risiken im Magazin

In allen Bereichen der Lebensmittelverarbeitung kann eine gesundheitliche Gefährdung durch mangelnde Hygiene und die Verbreitung von schädlichen Mikroorganismen und Schädlingen vorkommen.

Mikroorganismen sind Bakterien, Hefen und Schimmelpilze. Sie vermehren sich ideal bei Feuchtigkeit sowie Wärme und wenn sie geeignete Nahrung finden. Durch mangelnde Hygiene und mangelnde Kühlung wird für sie ein günstiges Klima zur schnellen Vermehrung geschaffen. Dabei bilden sie Giftstoffe (Toxine), die beim Verzehr zu Vergiftungen führen können.

Mikroorganismen sind unsichtbar. Man kann sie erst mit bloßem Auge oder mit der Nase wahrnehmen, wenn sie das Lebensmittel bereits verändert haben, z. B. durch Schimmelbildung, schmierige Oberfläche oder fauligen Geruch.

Schädliche Keime erkennt man z. B. durch

- faulige Stellen an Obst, Gemüse und Fleisch
- Schimmel auf Brot und Gebäck
- Schimmel auf Früchten, Konfitüren und Milchprodukten
- saure Milch oder gärende Flüssigkeiten

Schädlinge wie Insekten und Nagetiere können Lebensmittel durch Fraßschäden oder Kot verunreinigen. Nagetiere werden z. B. durch Abfälle angelockt.

Bei der Betrachtung des Herstellungsprozesses in einem gastronomischen Betrieb gelten hauptsächlich die Warenannahme und Warenlagerung als die hygienischen Schwachstellen im Bereich Magazin.

Eine Analyse der hygienischen Risiken im Magazin nach HACCP verdeutlicht Kapitel 2.2.1 auf der folgenden Seite.

Hygienische Schwachstellen

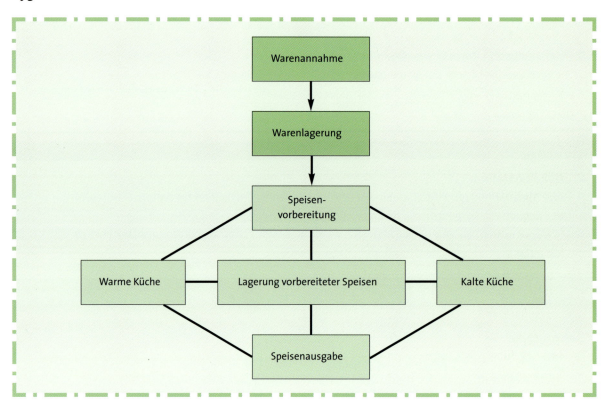

2.2.1 Analyse der hygienischen Gefahren und Risiken
("Hazard Analysis")

Gefahren bei Warenannahme und Lagerung entstehen durch

1. **mangelhafte oder bereits verdorbene Lebensmittel**
   - Lebensmittel können zu alt, mit einem zu geringen Haltbarkeitsdatum oder bereits verdorben geliefert werden.

2. **Mikroorganismen und deren Toxine**
   - Durch mangelhafte Hygiene der Betriebsräume, Einrichtungen und Gerätschaften, die mit Waren in Berührung kommen (z. B. Transportwagen, Waage, Regale in Lagerräumen), werden Mikroorganismen übertragen und vermehren sich.
   - Durch mangelnde Personalhygiene werden Krankheitserreger eingeschleppt und auf Nahrungsmittel übertragen.
   - Ware wird bereits kontaminiert angeliefert, und Mikroorganismen vermehren sich bei der Lagerung.
   - Durch falsche Lagerbedingungen (zu warm, zu feucht, Lebensmittelgruppen nicht getrennt voneinander oder unverpackte Lebensmittel nebeneinander) wird das Wachstum von Keimen begünstigt.

3. **Schädlinge**
   - Durch zu wenige Kontrollen der Waren und Einrichtungen der Lagerräume können sich Schädlinge ungestört vermehren und verunreinigen die Lebensmittel durch Kot, Spinnweben oder Fraßschäden.
   - Durch unzureichende Beseitigung von Abfällen oder ungekühlte Lagerung von Speiseresten werden Insekten und Nagetiere angelockt.
   - Ungeeignete oder unzureichende Schädlingsbekämpfung führt ebenfalls zur Vermehrung von Fliegen, Motten, Maden, Käfern, Mäusen und Ratten.

Vorratsschädlinge (Auswahl)

Schaben – Milben – Ameisen – Brotkäfer – Dörrobstmotte – Kornkäfer – Getreideplattkäfer – Staub- oder Bücherläuse – Essig- oder Taufliegen – Speckkäfer – Mehlmotte – Fliegen – Reismehlkäfer – Speisebohnenkäfer – Mehlkäfer – Ratten und Mäuse

2.2.2 Identifikation der kritischen Kontrollpunkte und Prüfmaßnahmen
(„Critical Control Points" = CCPs)

CCPs im Magazin sind Warenannahme und Lagerhaltung. Bei der Warenannahme und bei der Lagerung müssen alle Waren kontrolliert werden.

Kontrollen

CCP-Warenannahme
- Temperatur
- Verpackung
- Mindesthaltbarkeitsdatum (MHD)
- einwandfreier Zustand der Lebensmittel (Aussehen, Geruch)
- Lieferfahrzeug

CCP-Lagerung
- Temperatur
- Trennung der Lebensmittelgruppen
- einwandfreier Zustand der Lebensmittel (Aussehen, Geruch)

Festlegung kritischer Grenzwerte

CCP-Warenannahme
- maximale Temperatur bei Anlieferung
  Beispiele:
  Frischfleisch: +7 °C
  Geflügel, Wild, Hackfleisch: +4 °C
  Innereien: +3 °C
  Frischfisch auf Eis: +2 °C
  Tiefkühlware: −18 °C
  Eier: bis zum 18. Tag ab Legedatum ungekühlt möglich, danach bei +7 °C
- Verpackung muss unversehrt sein
- MHD ausreichend
- Lebensmittel müssen sauber und frisch aussehen, sie dürfen nicht riechen
- Lieferfahrzeuge müssen sauber sein

CCP-Lagerung
- maximale Temperatur bei Lagerung, Beispiele:
  Frischfleisch: +7 °C
  Geflügel, Wild, Hackfleisch: +4 °C
  Innereien: +3 °C
  Frischfisch auf Eis: +2 °C
  Tiefkühlware: −18 °C
  Eier: bis zum 18. Tag ab Legedatum ungekühlt möglich, danach bei +7 °C
- Lebensmittel müssen nach Gruppen getrennt gelagert werden (z. B. Rohware getrennt von verarbeiteten Lebensmitteln, siehe Lagerbedingungen)
- Lebensmittel müssen sauber und frisch aussehen, sie dürfen nicht riechen

Festschreibung von Prüf- und Überwachungsmaßnahmen

CCP-Warenannahme
- Warenannahmeprotokoll
- Temperaturmessung der Lieferungen
- Sichtkontrolle und Temperaturmessungen in Lieferfahrzeugen

CCP-Lagerung
- tägliche Überprüfung der Lagertemperatur
- Sichtkontrolle der Waren
- Sichtkontrolle der Lagerräume und der -einrichtungen

2.2.3 Dokumentation

Jeder Betrieb legt die für den individuellen Betriebsablauf wirksamen und passenden Maßnahmen fest. Darüber wird Buch geführt. Es gibt für jeden kritischen Bereich eine Liste über die hygienischen Risiken und die geeigneten Maßnahmen für die gesundheitliche Sicherheit. Die Gefahren und die Kontrollpunkte werden z. B. in einem **HACCP-Ordner** für den ganzen Betrieb festgehalten. Für jede Abteilung (Magazin) bzw. für Bereiche (Warenannahme, Lagerung) werden **Gefahrenquellen und Maßnahmen** aufgelistet, und das Personal wird darüber informiert.

Es ist außerdem sinnvoll, am jeweiligen Arbeitsplatz Hinweise über Gefahren und Maßnahmen gut sichtbar aufzuhängen. Hygienemaßnahmen sollen sich sinnvoll in den Arbeitsablauf einpassen, umso leichter werden sich alle Mitarbeiter daran halten.

Diese Regeln müssen eingehalten werden. Damit dies für die Mitarbeiter so einfach wie möglich ist, können **Checklisten** geführt werden. So wird z. B. in der Warenannahme über jede eingehende Lieferung ein Protokoll geführt.

Die **Wareneingangsprotokolle, Nachweise der Temperaturkontrollen,** Checklisten der Sichtkontrollen der Waren und Überprüfung der Lagerräume werden aufbewahrt. Die Dokumentation über hygienische Risiken, Maßnahmen und Kontrollen dieser Maßnahmen dient als Nachweis, dass die LMHV befolgt wird.

Die Einhaltung der vorgeschriebenen Handlungsweisen zum hygienischen Umgang mit Lebensmitteln werden durch Vorgesetzte überprüft.

Im HACCP-Ordner des Betriebs sind die zuständigen Personen verzeichnet.

Reinigungsplan

HOTEL ATLANTIS

Kühlhaus, kalte Küche

Was reinigen?	Wie oft reinigen?	Womit reinigen?	Verantwortlich?
Regale	2x wöchentlich und nach Bedarf	Easyclean	Frau Bankrie
Fußboden	2x wöchentlich und nach Bedarf	Ferrel-Flüssig	Frau Bankrie
Türen	2x wöchentlich und nach Bedarf	Easyclean	Frau Bankrie
Wände	1x wöchentlich und nach Bedarf	Easyclean	Frau Bankrie

Reinigungsplan

HOTEL ATLANTIS

Warenannahme-Bereich

Was reinigen?	Wie oft reinigen?	Womit reinigen?	Verantwortlich?
Waage, groß	täglich und nach Gebrauch	Easyclean	Herr Kaiser
Waage, klein	täglich und nach Gebrauch	Easyclean	Herr Kaiser
Sackkarre	täglich	Silto 33	Herr Kaiser
Rollwagen, blau	täglich	Silto 33	Herr Kaiser
Tisch	täglich	Easyclean	Herr Kaiser
Fußboden	täglich	Ferrel-Flüssig	Herr Kaiser
Wände (Fliesen)	1x wöchentlich und nach Bedarf	Easyclean	Herr Kaiser
Türen	1x wöchentlich und nach Bedarf	Easyclean	Herr Kaiser

Lernfeld Magazin

Temperaturkontrolle – Lagerhaltung

HOTEL ATLANTIS

Tiefkühlraum _____ Zeitraum: vom _____ bis _____

Kontrolle am	Mindesttemperatur –18 °C IST-TEMPERATUR	Uhrzeit	Bemerkung	kontrolliert von
Mo. 14.10	–20 °C	14.15	–	Rabe
Di. 15.10	–22 °C	10.30	–	Müller
Mi. 16.10	–16 °C	13.20	Tür stand offen	Müller
Do. 17.10	–20 °C	14.15	–	Rabe
Fr. 18.10	–22 °C	19.00	–	Rabe
Sa. 19.10	–20 °C	11.20	–	Müller
So. 20.10	–25 °C	10.30	Klimaanlage reguliert	Rabe
Mo.				
Di.				
Mi.				
Do.				
Fr.				
Sa.				
So.				

Aufgaben

1. Beschreiben Sie, welche Bedeutung das HACCP-System für die Durchführung von betriebseigenen Hygienekontrollen hat!

2. Beschreiben Sie anhand von Beispielen, welche hygienischen Risiken in einem Restaurant oder Hotel auftreten können:
   a) bei der Warenannahme
   b) beim Transport und beim Einsortieren der neuen Waren in die Lagerräume
   c) bei der Lagerung

3. Entwerfen Sie ein Muster für eine Checkliste zur täglichen Temperaturkontrolle in einem Kühlraum für Fleisch. (In einem Kühlraum für Frischfleisch muss eine Temperatur von mindestens +4 °C herrschen!)

4. Entwerfen Sie ein Muster für einen Reinigungsplan für einen ungekühlten Lagerraum, in dem z. B. Kuvertüre, Zucker, Grieß und Mehl in Regalen gelagert werden!

5. Entwerfen Sie ein Muster für einen Reinigungsplan für den Personal-Aufenthaltsraum in Ihrem Ausbildungsbetrieb!

3 Warenannahme

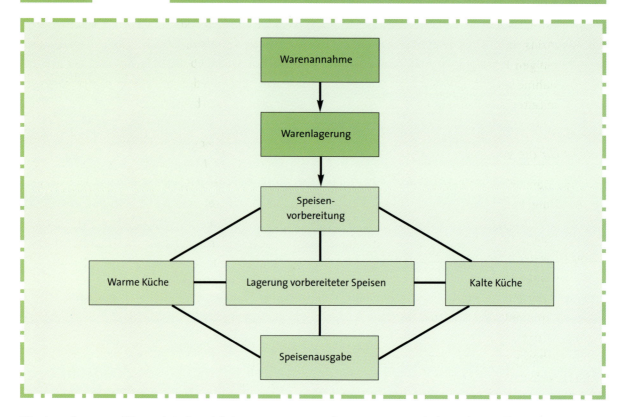

Die Annahme von Waren ist ein wichtiger Vorgang zur Qualitätssicherung. Eingehende Waren müssen umfassend kontrolliert werden, und es ist wichtig zu wissen, nach welchen Kriterien dies am besten geschieht, um einen reibungslosen Betriebsablauf zu unterstützen.

3.1 Arbeiten in der Warenannahme

Je nach Art und Größe des Unternehmens sind die Zuständigkeiten und die Verteilung der Verantwortung unterschiedlich geregelt. In einem kleinen Restaurant ist es wahrscheinlich, dass der Küchenchef alle benötigten Lebensmittel bestellt und auch kontrolliert. In einem großen Hotel wird der Wareneinkauf zentral geregelt, und es arbeitet festes Personal in der Warenannahme und Lagerung. Jede bestellte Ware wird sofort bei Anlieferung geprüft. Der Mitarbeiter, der für die Warenannahme verantwortlich ist, kontrolliert die Qualität, versichert sich, dass die Lieferung mit Bestellung und Lieferschein übereinstimmt, und verbucht alle Wareneingänge in den erforderlichen Dateien oder Formularen.

Ablauf der Warenannahme

1. Prüfen der Übereinstimmung der Ware mit der Bestellung (Art, Qualität, Menge, Gewicht, Preis) und dem Lieferschein (Art, Qualität, Menge, Gewicht).
2. Kontrolle der Beschaffenheit (Temperatur, Hygiene, Frische, Verpackung, Haltbarkeit).
3. Sortierung in die entsprechenden Lagerräume.
4. Eintrag in Wareneingangsdatei oder -buch, Lagerdatei oder -karteikarte, Lagerfachkarte.
5. Prüfen der Übereinstimmung von Ware und Lieferschein mit der Rechnung (Art, Qualität, Menge, Preis, MwSt., Frachtkosten, Rabatt, Skonto, Zahlungsart, Gesamtbetrag).

Ware wird grundsätzlich in **Anwesenheit des Lieferanten** angenommen, damit offene Mängel sofort gerügt und vom Lieferanten quittiert werden können. Der Zeitpunkt der Anlieferung von Waren sollte so organisiert sein, dass immer ein Mitarbeiter des Magazins den Wareneingang kontrollieren kann. In einigen Betrieben sind die Aufgaben der Warenannahme verteilt, so werden oft alle Lebensmittel vom Leiter der Küche kontrolliert.

Geräte für die Warenannahme

Folgende Gerätschaften werden für die Wareneingangsprüfung benötigt:

- große Waage zur Gewichtsprüfung sperriger und schwerer Ware (Kartoffelsäcke usw.)
- kleine Waage zur Gewichtsprüfung kleinerer Verpackungseinheiten
- Kernthermometer zur Kontrolle der Kerntemperatur bei gekühlten Lebensmitteln
- Infrarotthermometer zur Temperaturkontrolle (im Lieferfahrzeug, Außentemperatur von Verpackungen)
- Sichtthermometer zur Temperaturkontrolle bei gekühlten Lebensmitteln und Tiefkühlkost zwischen den Verpackungen
- geeignete Transportmittel, um die Waren in die Lagerräume zu verteilen (Sackkarre, Rollwagen)

3.1.1 Stimmt die Ware mit der Bestellung und dem Lieferschein überein?

Für jeden Tag liegen alle Bestellungen, deren Lieferung erwartet wird, bereit. Dadurch lässt sich sofort feststellen, ob die Lieferung mit der bestellten Ware übereinstimmt. Es wird nur Ware angenommen, die auch bestellt wurde.

Ein Lieferschein begleitet die Ware. Auf ihm sind Art, Qualität und Menge verzeichnet. Der Preis der Ware muss nicht angegeben werden. Es wird verglichen, ob die Lieferung mit den Angaben auf dem Lieferschein übereinstimmt. Waren, die nicht auf dem Lieferschein aufgeführt sind, werden nicht angenommen. Der Erhalt der Ware wird dem Lieferanten per Unterschrift bestätigt.

Die Angaben auf der Bestellung werden mit der ankommenden Ware und den Angaben auf dem begleitenden Lieferschein verglichen.

Geprüft wird

• Art der Ware:	Artikel- oder Bestellnummer	
	Bezeichnung	(Kaisergranat oder Riesengarnele, ganze Scholle oder Schollenfilets, Joghurt oder Sahnejoghurt)
	Sorte	(Äpfel „Jonathan" oder „Cox Orange")
• Qualität:	Handelsklasse	(Eier A Extra oder A)
	Größe	(Eier XL oder M)
	Güte	(Natives Olivenöl extra oder extra vergine; Servietten aus Leinen oder Halbleinen)
	Eigenschaften	(Kartoffeln, mehlig kochend oder fest kochend)
	Farbe	
• Gewicht:	durch Wiegen	
• Menge:	durch Zählen der Einheiten (Packungen, Beutel, Eimer, Kartons)	
• Preis		

Lernfeld Magazin

Restaurant „Kiepenkerl" | Strandweg 10 | 20015 Süderbrarup

Müller & Kupfermann
Sonnenallee 26–28
82543 Rellingen

Bestellung von Tischwäsche nach Angebot vom 17. 08.

Sehr geehrte Damen und Herren,
wir danken Ihnen für Ihr Angebot vom 17. 08. und bestellen aus Ihrem Sortiment:

500 Stück	Servietten	30 x 30 cm	Nr. 6549	blau	pro Stück 2,90 €
60 Stück	Deckservietten	90 x 90 cm	Nr. 7241	blau	pro Stück 4,30 €
25 Stück	Tischdecken	120 x 140 cm	Nr. 7824	gelb	pro Stück 7,10 €
20 Stück	Tischdecken	Ø 145 cm	Nr. 6243	gelb	pro Stück 8,00 €

Wir erwarten die Lieferung der Tischwäsche gemäß Ihren angebotenen Konditionen versandkostenfrei innerhalb der nächsten Woche. Wir werden die Lieferung nach Erhalt der Rechnung bezahlen.

Mit freundlichen Grüßen

M. Süßkind
M. Süßkind

DORIAN
DELIKATESSEN SERVICE
Drosselstieg 16–18
63340 Drieberg
Telefon: (03 77 12) 6 43 20
Fax: (03 77 12) 64 33

An
Restaurant „Reismühle"
Birkenstieg 23
63342 Ritterstadt

Lieferschein Nr. 0081 32 08

Ihr Ansprechpartner	Tour-Nr.	Kunden-Nr.	Liefer-Datum
Frau Senkel (03 77 12) 6 43 28	P 190	0034118	29. 09. 01

ARTIKEL-NR.	BEZEICHNUNG	MENGE		PREIS IN €	
607801	Hirschrücken ohne Knochen	10,350	kg	pro kg	21,40
870996	Ziegenkäse, 55 % Fett i. Tr., à 250 g	5	Stück	pro Stück	1,95
590883	Lachsforellenfilet ohne Haut	15,000	kg	pro kg	10,20
230041	Himbeer-Essig, 0,75 l	5	Fl.	pro Fl.	3,15
432310	Scampi, tiefgefroren	5,000	kg	pro kg	23,10
564310	Mehl, Type 1050	10,000	kg	pro kg	0,75
764311	Birnen	5,000	kg	pro kg	1,60

Ware erhalten
Unterschrift: _____   Uhrzeit: _____

3.1.2 Ist die Ware in Ordnung?

Jeder Betrieb ist verpflichtet, durch eigene Hygienekontrollen die Entstehung gesundheitlicher Gefahren zu vermeiden. Nach der Lebensmittelhygiene-Verordnung (LMHV) dürfen Lebensmittel nicht angenommen werden, wenn sie mit tierischen Schädlingen oder krankheitserregenden Mikroorganismen verunreinigt sind.

Daher werden alle Lebensmittel besonders auf Hygiene und Temperatur kontrolliert.

Sie werden bei der Warenannahme einer genauen sensorischen Kontrolle unterzogen. Man achtet auf Aussehen, Frische, Geruch, Sauberkeit, Haltbarkeit und den Zustand der Verpackung. Außerdem wird die Temperatur mit einem Thermometer kontrolliert.

Aussehen, Farbe
- natürliches Aussehen der Ware, keine Farbveränderungen
- Nahrungsmittel in „natürlicher Verpackung" müssen unversehrt sein (heile Eier, heile Schalen bei Bananen und Zitrusfrüchten)

Sauberkeit
- „saubere Ware", keine Erdklumpen, Dreck, Schmiere, Glassplitter, Fremdkörper o. Ä.
- kein Hinweis auf Schädlinge (Insektenteile, Mäusekot, Fraßstellen)
- saubere und aufgeräumte Lieferfahrzeuge, saubere Kleidung der Lieferanten, saubere Transportbehälter

Frische und Geruch
- kein Schimmel, keine trüben Aufgüsse in Flüssigkeiten, keine gärenden Flüssigkeiten
- Gemüse und Salate: knackig und frisch, keine welken oder verdorbenen Stellen
- Obst: ohne Druckstellen, keine faulen Früchte
- Fisch: klare Augen, rote Kiemen, festes Fleisch, klare Schleimhaut, kein Geruch
- Fleisch: rote Farbe, keine schmierigen Stellen, kein Geruch

Haltbarkeit
- ausreichendes Mindesthaltbarkeitsdatum (MHD) auf allen abgepackten Waren wie Milch und Milchprodukte, Käse, Trockenprodukte, Nährmittel, Gewürze, Feinkostsalate, geschnittene Rohkost, Eier, Fette und Getränke

Verpackung
- unversehrte Verpackung: keine Löcher in Folien, heile Kartons, keine Dellen oder rostigen Stellen an Konserven oder Fässern, heile Flaschen
- kein Schmutz, keine Schmiere, kein Schimmel
- Wein: Korken ohne Ablagerungen, saubere Flaschen

Temperatur
- *Mindestanlieferungstemperaturen*
  Frischfleisch: +7 °C
  Geflügel, Wild, Hackfleisch: +4 °C
  Innereien: +3 °C
  Frischfisch auf Eis: +2 °C
  Feinkost: +7 °C
  Tiefkühlware: −18 °C
  Eier bis zum 18. Tag ab Legedatum ungekühlt möglich, danach bei +7 °C

- *empfohlene Liefertemperatur*
  Molkereiprodukte: +7 °C
  Backwaren mit nicht gebackener Füllung: +10 °C

- *Lieferfahrzeuge und Kühltransporter*
  niedrig genug, um vorgeschriebene Liefertemperaturen zu gewährleisten;
  Tiekühltransport: −18 °C
  Kühltransport: +7 °C

Wie wird die Temperatur kontrolliert?

Die **Kerntemperatur** wird mit einem Temperaturfühler gemessen, der in das Lebensmittel gesteckt wird. Folienverpackungen werden nicht angestochen, wenn die Lebensmittel darin gelagert werden müssen (vakuumiertes Fleisch, Tiefkühlware); in diesem Fall wird die Außentemperatur gemessen. Die **Außentemperatur** der Verpackungen wird mit einem Sichtthermometer gemessen; das geht am besten, wenn es zwischen die verpackten Lebensmittel gelegt wird.

Bei tiefgekühlten Lebensmitteln wird ebenfalls zwischen den Verpackungen gemessen, um die Folien nicht zu beschädigen und Gefrierbrand bei der Lagerung zu verhindern.

Temperaturmessungen im Inneren der Lieferfahrzeuge sind mit einem Infrarotthermometer (siehe Abbildung) möglich.

Viele Lieferfahrzeuge sind inzwischen mit einem Temperatur-Fahrtenschreiber ausgerüstet und geben den Kontrollausdruck mit dem Lieferschein ab. Der Ausdruck wird dann zum Lieferschein dazugeheftet – damit wird eine lückenlose Kühlkette nachgewiesen.

Wareneingangsprotokoll
Über den Wareneingang von Lebensmitteln wird ein Protokoll geführt, das den Anforderungen zur Eigenkontrolle des HACCP-Systems entspricht.
Darin werden der Zustand der Ware, Temperatur, Mindesthaltbarkeitsdatum und Beanstandungen der Lieferung notiert.

```
      Temperaturkontrolle
           Frigotrans-
         Tiefkühltransport


30. 08. 01    05:07      -18,5
30. 08. 01    05:12      -20,0
30. 08. 01    05:17      -18,5
30. 08. 01    05:22      -20,0
30. 08. 01    05:27      -22,0
30. 08. 01    05:32      -22,5
30. 08. 01    05:37      -23,0
30. 08. 01    05:42      -23,0
30. 08. 01    05:47      -22,0
30. 08. 01    05:52      -22,5
30. 08. 01    05:57      -23,5
30. 08. 01    06:02      -23,5


date          time      temperature
```

Schnelle Temperaturmessung
mit Infrarotthermometern.

Lernfeld Magazin

WARENEINGANGSPRÜFUNG — HOTEL BERLIN

Lieferant: _____   Art der Ware: _____   Datum: _____

QUALITÄT

	in Ordnung	Mängel
Farbe/Verfärbungen		
Aussehen/Geruch		
Verpackung		
Menge		
Gewicht		
MHD		
Verschmutzungen		

TEMPERATUR

	in Ordnung	Mängel
Frischfleisch max. +7 °C		
Geflügel, Hackfleisch, Wild max. +4 °C		
Innereien max. +3 °C		
Frischfisch (auf Eis) max. +2 °C		
TK-Produkte max. −18 °C		
Molkereiprodukte max. +7 °C		
Obst, Gemüse max. +10 °C		

LIEFERFAHRZEUG/TRANSPORTBEHÄLTER

	in Ordnung	Mängel
Hygiene		
Temperatur		
Sonstiges		

BEMERKUNGEN

_____
_____
_____
_____
_____
_____

Empfänger/Unterschrift _____

Datum/Zeit _____

WARENEINGANGSPRÜFUNG — HOTEL BERLIN

Lieferant: _____   Art der Ware: __Fleischlieferung__   Datum: __01/04/00__

QUALITÄT

	in Ordnung	Mängel
Farbe/Verfärbungen	✓	
Aussehen/Geruch	✓	
Verpackung	✓	
Menge	✓	
Gewicht	✓	
MHD	✓	
Verschmutzungen	✓	

LIEFERFAHRZEUG/TRANSPORTBEHÄLTER

	in Ordnung	Mängel
Hygiene	✓	
Temperatur	✓	
Sonstiges	✓	

TEMPERATUR

	in Ordnung	Mängel
Frischfleisch max. +7 °C	✓	
Geflügel, Hackfleisch, Wild max. +4 °C	✓	
Innereien max. +3 °C	✓	
Frischfisch (auf Eis) max. +2 °C	✓	
TK-Produkte max. −18 °C	✓	
Molkereiprodukte max. +7 °C	✓	
Obst, Gemüse max. +10 °C	✓	

BEMERKUNGEN

— keine Mängel

— Temperaturkontrolle angeheftet

Empfänger/Unterschrift __S. Treder__

Datum/Zeit __01/04/00, 11.30 Uhr__

```
Temperaturkontrolle
   Frigotrans-
  Tiefkühltransport

30. 08. 01    05:07    -18.5
30. 08. 01    05:12    -20.0
30. 08. 01    05:17    -18.5
30. 08. 01    05:22    -20.0
30. 08. 01    05:27    -22.0
30. 08. 01    05:32    -22.5
30. 08. 01    05:37    -23.0
30. 08. 01    05:42    -23.0
30. 08. 01    05:47    -22.0
30. 08. 01    05:52    -22.5
30. 08. 01    05:57    -23.5
30. 08. 01    06:02    -23.
  date         time    temperature
```

Mangelhafte Lieferungen

Eventuelle Mängel an der Ware werden schriftlich auf dem Lieferschein bestätigt. Der Käufer ist durch das Kaufvertragsrecht verpflichtet, „offene Mängel" sofort beim Verkäufer zu beanstanden. „Offene Mängel" sind sofort sichtbare Fehler an der Ware.

Beispiele:

- Statt gelber Deckservietten wurden blaue geliefert.
- Der 5-l-Kanister mit flüssigem Reinigungsmittel ist nur zur Hälfte gefüllt.
- Statt Lollo rosso wurde Lollo bianco geliefert.
- Der „frische" Lachs hat trübe Augen und eine milchige Schleimhaut.
- Die tiefgekühlten Erbsen haben eine Temperatur von –5 °C.
- Das Haltbarkeitsdatum des Speisequarks ist abgelaufen.
- Das Haltbarkeitsdatum für die Bierfässer ist nicht mehr ausreichend für die Lagerung von 14 Tagen.
- Die Dosen mit Gemüsemais sind verbeult.
- Statt 10 Packungen DIN-A4-Papier wurden 100 geliefert.
- Statt vorwiegend mehlig kochender Kartoffeln wurden fest kochende geliefert.

Bei mangelhaften Waren wird die Annahme verweigert. Der Mangel muss auf dem Lieferschein und im Warenannahmeprotokoll vermerkt werden. Die genaue Rechtslage bei mangelhaften Lieferungen und die Auswirkungen auf die Geschäftsbeziehung zwischen Käufer und Verkäufer sind im Kapitel „Kaufvertrag" aufgeführt.

3.1.3 Wie wird die Ware einsortiert?

Nach der Warenannahme werden alle Waren in die geeigneten Lagerräume sortiert. Die vorgeschriebenen Temperaturen für leicht verderbliche Lebensmittel müssen beim Be- und Entladen, bei der Wareneingangskontrolle und der Verteilung in die Lagerräume eingehalten werden. Deswegen muss zügig gearbeitet werden. **Tiefgekühlte Lebensmittel** werden **zuerst** in die Tiefkühlräume gebracht, damit die Kühlkette nicht unterbrochen wird. Danach werden die gekühlten Lebensmittel in die entsprechenden Kühlhäuser oder -schränke einsortiert. Die Ware, die ungekühlt lagern kann, wird zum Schluss weggeräumt.

Für den Warentransport werden geeignete und saubere Transportmittel benutzt.

Bei der Lieferung von **Kohlensäureflaschen** (Bierlieferung) ist besonders zu beachten, dass die Flaschen immer **aufrecht und gesichert** transportiert und gelagert werden müssen. Auch bei der Warenannahme müssen die Flaschen stehen und stehend in den Bierkeller gebracht werden. Dafür muss in der Warenannahme eine geeignete Transporthilfe bereitstehen.

FiFo

FiFo heißt **„first in"** und **„first out"**. Diese Abkürzung bedeutet, dass Ware so eingeräumt wird, dass die neu gelieferten Artikel hinter die bereits vorhandenen sortiert werden. So stehen die älteren Waren (first in) vorne im Regal und werden zuerst verbraucht (first out).

FiFo gilt in allen Lagerräumen.

3.1.4 Wo wird der Wareneingang verzeichnet?

- **Wareneingangsbuch**
  (als Buch oder im Computer)
- **Lagerfachkarte**
  (am Lager, enthält: Artikel, Datum von Zu- oder Abgang; Sollbestand/Reservebestand/Meldebestand)
- **Lagerkarteikarte/Lagerdatei**
  (im Kasten oder im Computer, enthält: Artikel, Lieferant, Datum von Zu- oder Abgang, Lieferbedingungen, Lagerkennzahlen, Nettopreis, Wert, Sollbestand)

Nachdem die Waren einsortiert sind, werden die neuen Bestände in die entsprechenden Verzeichnisse eingetragen. Über jeden Artikel wird genau Buch geführt. Jede Ware, die neu geliefert wird, muss zunächst im Wareneingangsbuch bzw. im Computer in der Wareneingangsdatei aufgelistet werden. Auf der Lagerkarteikarte bzw. in der Lagerdatei werden alle Warenzugänge und Warenabgänge mit Datum verzeichnet. Es wird festgehalten, was vorhanden ist, was entnommen wird oder was bei neuer Lieferung hinzukommt. Die Warenbestände, Zu- und Abgänge und das jeweilige Datum werden auch auf der Lagerfachkarte (am Lagerfach) eingetragen.

Lagerfachkarten werden heute nur noch für spezielle Artikel, z. B. teure Flaschenweine, geführt. Der Großteil der Buchführung über Warenein- und -ausgänge wird per EDV erledigt.

3.1.5 Stimmt die Rechnung?

Nachdem die Wareneingänge eingetragen wurden, muss die eingegangene Rechnung des Verkäufers mit der Buchführung und dem vorhandenen Schriftverkehr verglichen werden. Die Rechnung kommt entweder zusammen mit der Lieferung oder wird später geschickt.

Es wird geprüft, ob die Rechnung mit den tatsächlich erhaltenen Waren (Art, Qualität, Menge) übereinstimmt.

Weiterhin wird die Bestellung und eventuell das Angebot der Firma mit den Angaben auf der Rechnung verglichen. Der Preis der Ware, MwSt., Frachtkosten, Rabatt, Skonto, Gesamtbetrag und Zahlungsart müssen übereinstimmen.

Aufgaben

1. Beschreiben Sie, wie in Ihrem Ausbildungsbetrieb die Warenannahme organisiert ist!
2. Von der Firma Feinkost Fersenmüller werden verschiedene Waren angeliefert. Sie sollen diese Waren annehmen.
    a) Nennen Sie Hilfsmittel und Geräte, die Sie zur Warenannahme benötigen!
    b) Beschreiben Sie detailliert, nach welchen Kriterien Sie die einzelnen Lebensmittel überprüfen!

Lernfeld Magazin

Aufgaben

Fohlentwiete 3–5 13326 Farnsdorf

An
Hotel Hamburg
Hauptstr. 6
13357 Hilsheim

LIEFERSCHEIN NR. 00762

Ihr Ansprechpartner *Frau Sebald* Tour-Nr. *L 222*
Kunden-Nr. *000032165* Lieferdatum *30. 07.*

Anzahl	Einheit	Artikel	Preis
25	Stück	Maispoularden	3,10 € / Stück
30	Stück	Wachteln	2,35 € / Stück
25,500	kg	Wildlachs	15,00 € / kg
12,750	kg	Zander	11,10 € / kg
3,000	kg	tiefgefrorene Scampi	29,75 € / kg
5,000	kg	Äpfel	1,55 € / kg
20	Kopf	Eichblattsalat	0,97 € / Kopf
10	Stück	Ananas	1,80 € / Stück
500	g	Rucola	0,70 € / 100 g
360	Stück	Eier, Handelsklasse A Gewichtsklasse M	0,13 € / Stück
20,000	kg	Mehl, Type 405	0,60 € / kg

Ware erhalten

Unterschrift......*Rietmüller*...... Uhrzeit......*10.15 Uhr*......

3. Sie nehmen eine Lieferung tiefgekühltes Schweinefleisch an. Was muss nach der Lebensmittelhygiene-Verordnung bei der Anlieferung protokolliert werden?
4. Im Rahmen Ihrer Tätigkeit in der Warenannahme nehmen Sie eine Lieferung von Fassbier und Kohlensäureflaschen durch die Brauerei Meisterbräu an.
Worauf ist bei der Anlieferung der Kohlensäureflaschen zu achten?
5. Sie nehmen eine Weinlieferung an und überprüfen sie. Durch welche Kontrolle stellen Sie fest, ob der gelieferte Wein Ihrem Auftrag an den Lieferer entspricht?
6. Sie haben auf dem Lieferschein von Aufgabe 2. unterschrieben und geben dem Lieferanten die Durchschrift wieder mit. Was haben Sie mit Ihrer Unterschrift bestätigt?
7. Die Lieferung der bestellten Tischwäsche von Seite 11 kommt an. Was kontrollieren Sie bei der Warenannahme?

4 Amerikanische und britische Maß- und Gewichtseinheiten

Die meisten Länder verwenden bei Maßen und Gewichtseinheiten das metrische System. Wenn Ware aus dem Ausland gekauft wird, kann also problemlos die Menge überprüft werden. Eine Ausnahme bilden amerikanische und britische Hohlmaße, Gewichtseinheiten, Längenmaße (inch, foot, yard, mile) und Temperaturen (Fahrenheit).

4.1 Umrechnungen

Amerikanische Hohlmaße

1 gill	=		=	0,1183 Liter
1 pint	=	4 gills	=	0,4732 Liter
1 quart	=	2 pints	=	0,9464 Liter
1 US gallon	=	4 quarts	=	3,7853 Liter
1 US barrel (z. B. für Benzin)	=	42 gallons	=	158,97 Liter

Britische Hohlmaße

1 gill	=		=	0,142 Liter
1 pint	=	4 gills	=	0,568 Liter
1 quart	=	2 pints	=	1,136 Liter
1 imperial gallon	=	4 quarts	=	4,546 Liter
1 british barrel (z. B. für Bier)	=	36 gallons	=	163,656 Liter

Amerikanische und britische Handelsgewichte

ounce	=	oz		
pound	=	lb		
hundredweight	=	cwt		
ton	=	t		
1 grain			=	0,0648 g
1 dram	=	27,3438 grains	=	1,772 g
1 ounce	=	16 drams	=	28,35 g
1 pound	=	16 ounces	=	453,59 g
1 US cwt	=	100 lbs	=	45,359 kg
1 British cwt	=	112 lbs	=	50,802 kg
1 US ton	=	2000 lbs	=	907,185 kg
1 British ton	=	2240 lbs	=	1016 kg

Gewichtseinheit →	malnehmen mit →	gewünschte Gewichtseinheit
ounces	28,35	Gramm
Gramm	0,035	ounces
pounds	0,45	Kilogramm
Kilogramm	2,21	pounds
British ton	1016	Kilogramm
US ton	907	Kilogramm

Volumeneinheit →	malnehmen mit →	gewünschte Volumeneinheit
imperial gallons	4,55	Liter
Liter	0,22	imperial gallons
US gallon	3,79	Liter
Liter	0,26	US gallons

(5 imperial gallons entsprechen annähernd 6 US gallons)

Aufgaben

1. Die bestellten Getränke aus Irland sind eingetroffen. Für die Wareneinsatzkontrolle müssen Sie die angegebenen Einheiten auf dem Lieferschein in Liter umrechnen.

   a) Wie viel Liter Bier wurden geliefert?
   b) Wie viel Liter Whiskey wurden geliefert?
   c) Wie viel Liter alkoholische Getränke wurden insgesamt geliefert?
   d) Zusammen mit den Bierfässern wurden Kohlensäureflaschen geliefert.

   Welche Regeln müssen beim Transport in den Bierkeller und bei der Lagerung beachtet werden?

McCourt & Sons
Irish Spirits

3, Byron Place · Dublin PD8 2CH · Ireland

To: Hotel König, Kartellweg 78, 95423 Kallstadt, Germany

ref. to Your order from 15.05.01

Delivery note no.: 0002764500   delivery date: 01/06/01

BEER:

3	barrels	Guinness
144	gallons	Kilkenny

WHISKEY:

30	gills (in 6 bottles)	Tullamore Dew
4 1/2	pints (in 3 bottles)	Midleton
1	gallon (in 6 bottles)	Jameson 1780

LIQUEUR:

4	quarts (in 6 bottles)	Baileys

Signature *Huber*

2. Es werden Spezialitäten aus England geliefert. Auf dem Lieferschein finden Sie englische Hohl- und Gewichtsmaßeinheiten.

a) Rechnen Sie die Gewichtsangaben in Gramm um!
b) Rechnen Sie die Hohlmaße in Liter um!
c) Wie viel Liter sind es insgesamt?
d) Wie viel Kilogramm müssen insgesamt gelagert werden?

To
Hotel Bellevue
Fürst-Pückler-Str. 18
52273 Briegelheim
Germany

11, Philips Road
Bristol WD7 9MO
England

ref. to Your order from 14.09.01

Delivery note no.: 99276514   Date of delivery: 01/09/22

We deliver:

12 glasses	Orange Marmalade	1 lb	each glass
6 glasses	Lime Marmalade	12 oz	each glass
9 glasses	Rose Petal Jelly	14 oz	each glass
5 glasses	Mint Sauce	2 gills	each glass
15 bottles	Worcestershire Sauce	1/2 gill	each bottle
3 cans	Colman's Mustard Powder	113 drams	each can
5 cans	Piccalilli Pickles	1,5 lb	each can

Signature: *Weinheim*

Aufgaben

3. Nach seiner Ausbildung zum Hotelfachmann macht Michael ein Praktikum in einem irischen Hotel. In seiner Freizeit besucht er einen Pub. Dort trinkt er 2 pints Guinness und 1 pint Cider. Wie viel Deziliter hat Michael zu sich genommen?

4. Aus England wird eine Toffee-Mischung geliefert. Sie enthält:
   16 oz caramel toffee + 18,5 oz white hazelnut toffee + 14,5 oz ginger toffee.
   a) Wie viel Gramm sind das von jeder Sorte?
   b) Wie viel Kilogramm wiegt die Mischung insgesamt?

5. Aus den USA werden 25 Flaschen Ahornsirup für die Müsli-Ecke des Frühstücksbüfetts geliefert. In jeder Flasche sind 3 gills Sirup.
   Wie viel Liter Ahornsirup können verbraucht werden?

6. Im Bierkeller lagern:
   3 Kästen   Kilkenny mit 20 Flaschen   zu 1 pint
   7 Kästen   Guinness mit 20 Flaschen   zu 3 gills
   2 barrels   Lager
   1 barrel   Cider
   Wie viel Liter sind vorrätig?

7. Für einen amerikanischen Barbecue-Abend werden je 3 US gallons Pabst-Blue-Ribbon- und Miller-Lite-Bier bestellt.
   Wie viel Liter Bier können ausgeschenkt werden?

8. Es werden 25 Portionsdosen Beluga-Malossol-Kaviar à 1¾ oz geliefert.
   a) Wie viel Gramm Kaviar sind das pro Dose?
   b) Wie viel Gramm Kaviar sind das insgesamt?

9. Berechnen Sie die fehlenden Einheiten:

a)

Gramm	oz
50 g	?
750 g	?
30 g	?
?	12 oz
?	5,5 oz

b)

Kilogramm	lbs
25 kg	?
12,358 kg	?
3,750 kg	?
?	7,5 lbs
?	320

10. Berechnen Sie die fehlenden Einheiten:

a)

Liter	imperial gallons
3 l	?
¾ l	?
8,5 l	?
?	½ imperial gallon
?	4 imperial gallons

b)

Liter	US gallons
650 l	?
123 l	?
17,5 l	?
?	¾ US gallon
?	5 US gallons

5 Hohlmaße und Gewichte

5.1 Umrechnungen

Hektoliter	=	hl
Liter	=	l
Deziliter	=	dl
Zentiliter	=	cl
Milliliter	=	ml

1 hl	=	100 l	=	1000 dl	=	10 000 cl	=	100 000 ml
		1 l	=	10 dl	=	100 cl	=	1 000 ml
				1 dl	=	10 cl	=	100 ml
						1 cl	=	10 ml

1 ml	=	0,1 cl	=	0,01 dl	=	0,001 l	=	0,0000 hl
		1 cl	=	0,1 dl	=	0,01 l	=	0,0001 hl
				1 dl	=	0,1 l	=	0,001 hl
						1 l	=	0,01 hl

Umrechnen

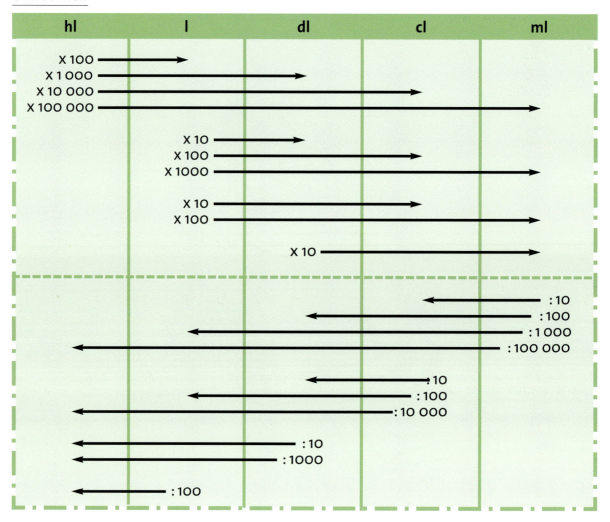

Gewichtseinheiten

Tonne = t
Kilogramm = kg
Gramm = g
Milligramm = mg

Die Umrechnungszahl für die Gewichtseinheiten ist die 1000. Das bedeutet, dass beim Umrechnen mit 100 malgenommen bzw. durch 1000 geteilt wird. Es stehen daher immer 3 Stellen nach dem Komma.

1 t	=	1000 kg	=	1 000 000 g	=	1 000 000 000 mg
		1 kg	=	1 000 g	=	1 000 000 mg
				1 g	=	1 000 mg
1 mg	=	0,001 g	=	0,000001 kg	=	0,000000001 t
		1 g	=	0,001 kg	=	0,000001 t
				1 kg	=	0,001 t

Umrechnen

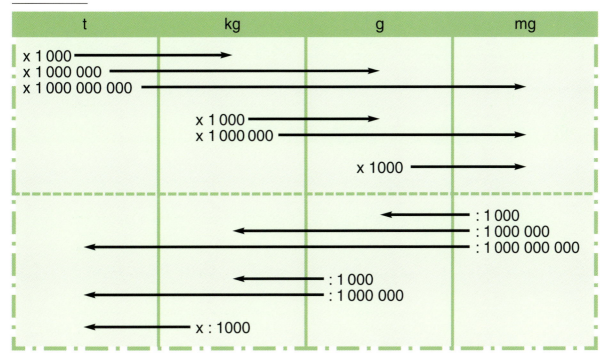

Alte Gewichtseinheiten

1 Pfund (Pfd.)	=		=	0,500 kg	=	500 g
1 Zentner (Ztr.)	=		=	100 Pfd.	=	50 kg
1 Doppelzentner (dz)	=	2 Ztr.	=	200 Pfd.	=	100 kg

Stückzahlen

1 Paar	=	2 Stück		
1 Dutzend	=	12 Stück		
1 Gros	=	12 Dutzend	=	144 Stück

Aufgaben

1. Rechnen Sie in Hektoliter um, und addieren Sie:
   7680 l + 0,70 dl + 200 cl + 60 ml + 100 l

2. Rechnen Sie in Liter um, und addieren Sie:
   0,57 hl + 12 cl + 18 ml + 15 dl + 0,75 l

3. Rechnen Sie in Deziliter um, und addieren Sie:
   2 cl + 150 ml + 0,85 hl + 10 hl + 0,25 l

4. Rechnen Sie in Zentiliter um, und addieren Sie:
   0,75 l + 520 ml + 0,02 hl + 600 ml + 3,25 l

5. Rechnen Sie in Milliliter um, und addieren Sie:
   0,006 hl + 10 l + 12 dl + 6 cl + 18 ml

6. Rechnen Sie in Milliliter um, und addieren Sie:
   718 dl + 0,329 hl + 12 cl + 62 l + 0,000008 hl

7. Es werden Molkereiprodukte geliefert:

10 x 5 l	Milch, 3,5 % Fettgehalt
5 x 1 l	fettarme Milch, 1,5 % Fettgehalt
3 x ¾ l	entrahmte Milch, 0,3 % Fettgehalt
750 cl	Schlagsahne
6 x 250 ml	Kefir
13 x 5 dl	Buttermilch

   Wie viel Liter sind das insgesamt?

8. Vom Winzer werden geliefert:

Traubensaft	48 Flaschen	à 0,75 l	0,56 € / l
Riesling	120 Flaschen	à 1 l	3,60 € / l
Portugieser	72 Flaschen	à 0,75 l	4,10 € / l

   a) Wie viel Hektoliter wurden insgesamt geliefert?
   b) Was muss für die Getränke bezahlt werden?
   c) Wie viel € müssen nach Abzug von 3 % Treuerabatt und 2 % Skonto tatsächlich überwiesen werden?

9. Im Bierkeller lagern:
   6 Kästen Weißbier mit 0,5-l-Flaschen
   5 Kästen alkoholfreies Bier mit 0,33-l-Flaschen
   3 Kästen Starkbier mit 0,33-l-Flaschen
   Jeder Kasten enthält 20 Flaschen. Wie viel Liter Bier sind vorrätig?

10. Im Normallager lagern:

4 Flaschen	brauner Rum	à 0,75 l	12,40 € / Flasche
5 Flaschen	Gin	à 700 ml	9,80 € / Flasche
6 Flaschen	Wodka	à 0,75 l	8,75 € / Flasche

    a) Wie viel Zentiliter stehen für die Bar von jeder Sorte zur Verfügung?

    b) Wie hoch ist der Gesamtwert der Spirituosen im Lager?

11. Wandeln Sie in Tonnen um, und addieren Sie:
    113 Pfd. + 1 738 920 mg + 6519 kg + 28 500 g + 12 dz

12. Wandeln Sie in Kilogramm um, und addieren Sie:
    0,03 t + 17 dz + 12 700 g + 15,3 t + 52 g

13. Wandeln Sie in Kilogramm um, und addieren Sie:
    625 g + 10 Ztr. + 0,325 kg + 17,2 t + 19 340 mg

14. Wandeln Sie in Gramm um, und addieren Sie:
    0,008 t + 1920 mg + 0,750 kg + 1/2 Pfd. + 16 mg

15. Wandeln Sie in Milligramm um, und addieren Sie:
    12 kg + 560 g + 0,3 t + 19 g + 0,025 kg

16. Eine Fleischlieferung kommt an:

45,700 kg	Rindfleisch	14,70 € / kg
12 500,000 g	Schweinelende	15,10 € / kg
5 750,000 g	italienische Mortadella	13,90 € / kg
12,260 kg	Salami	16,40 € / kg
22,480 kg	Lammfleisch	9,70 € / kg

    a) Wie viel kg Fleisch und Fleischwaren wurden insgesamt geliefert?

    b) Wie hoch ist der Rechnungsbetrag?

    c) Wie hoch ist der Rechnungsbetrag nach Abzug von 3 % Skonto?

Aufgaben

17. Für die Kartoffel-Spezialitäten-Woche bestellt der Küchenchef:

    1   Ztr.   fest kochende Kartoffeln
    ½   Ztr.   mehlig kochende Kartoffeln
    ¾   Ztr.   vorwiegend mehlig kochende Kartoffeln
    ¼   dz   vorwiegend fest kochende Kartoffeln

    Wie viel kg Kartoffeln müssen insgesamt eingelagert werden?

18. Es werden Molkereiprodukte geliefert:

60	Joghurt, 3,7 % Fettgehalt	à	150 g	0,38 € / Stück
12	Dickmilch	à	500 g	2,25 € / kg
2	Magerquark, 10 % Fettgehalt	à	3000 g	1,98 € / kg
3	Sahnequark, 40 % Fettgehalt	à	5000 g	2,66 € / kg

    a) Wie viel kg wiegt die Lieferung insgesamt?
    b) Wie hoch wird der Rechnungsbetrag sein?

19. Es stehen Eier in der Warenannahme, sie sollen im Kühlschrank gelagert werden.

1 Gros	Eier	Klasse A extra	Größe L
2 Gros	Eier	Klasse A	Größe M

    Für wie viele Eier muss Platz sein?

20. Für eine Veranstaltung des Verbands der Muschelzüchter werden Austern geliefert:

5 Dutzend	Sorte „Colchester"	Gewichtsklasse Nr. 000	=	110 g
3 Dutzend	Sorte „Portugaises"	Gewichtsklasse Nr. 1	=	75 g
2 Dutzend	Sorte „Whitestable"	Gewichtsklasse Nr. 0000	=	120 g

    a) Wie viel Austern wurden geliefert?
    b) Wie viel kg wiegen sie insgesamt?

6 Lagerhaltung

Gute Kenntnisse über wirtschaftliche und sinnvolle Lagerhaltung sind wichtig, um einen reibungslosen Betriebsablauf zu gewährleisten. Die Mitarbeiter im Lager wissen über die zu lagernden Produkte, ihre Lagerfähigkeit und notwendige Pflege Bescheid. Sie kennen die gesetzlichen Vorschriften zur Hygiene.

Zu den Arbeiten im Lager gehören die Qualitäts- und Quantitätskontrolle, korrektes Einsortieren der Waren und das Führen der Lagerdateien.

Ein gut geführtes Lager trägt wesentlich zur Qualitätssicherung eines Betriebs bei.

6.1 Vor- und Nachteile der Lagerhaltung

Vorteile
- Vorräte vorhanden
- Benötigte Waren sind nicht immer beim Lieferanten vorrätig
- Größere Mengen einer Ware werden preisgünstiger eingekauft
- Saisonale Preisunterschiede werden ausgenutzt
- Saisonal unterschiedlicher Verbrauch wird ausgeglichen
- Bei manchen Waren ist Qualitätssteigerung möglich (Reifungsvorgänge bei Wein, Käse und Obst)

Nachteile
Lagerhaltung verursacht Kosten:
- Raum- und Einrichtungskosten (Einrichtung verschiedener Räume, Instandhaltung)
- Energiekosten (Kühl- und Klimaanlagen)
- Reinigungskosten
- Kosten für Magazinverwaltung (Organisationsmittel, Computer)
- Personalkosten
- Warenpflege ist aufwendig
- Verluste durch Verderb, Überalterung, Diebstahl

Vor- und Nachteile müssen für jeden Betrieb individuell abgewogen werden. Die Menge der gelagerten Waren muss so ausreichend bemessen sein, dass ein Betrieb mit allen Abteilungen der Produktion und des Verkaufs störungsfrei funktionieren kann. Die Lagermenge ist abhängig von den Lagermöglichkeiten, der Kapazität der Lagerräume, den Einkaufs- und Lagerkosten sowie der Haltbarkeit der Waren.

Ein großes Hotel mit 300 Betten, einem Restaurant für die Pensionsgäste, einem À-la-carte-Restaurant und einer Bar wird mehr Waren verbrauchen, einlagern und pflegen (z. B. Flaschenweine) als ein Bistro mit 25 Sitzplätzen und täglich wechselnder Speisekarte.

Die Grundsätze zur Lagerhaltung gelten für beide Betriebe gleichermaßen, aber sie unterscheiden sich in Einkaufs- und Lagermenge, Personalaufwand und Kosten.

6.2 Nicht zu viel und nicht zu wenig

Die Warenbestände in einem Magazin dürfen nicht zu groß sein:

- Weil zu viel gelagerte Ware Betriebskapital bindet. Die eingelagerten Artikel sind bereits bezahlt, aber noch nicht weiterverkauft oder -verarbeitet. Zusätzlich zum Anschaffungspreis entstehen Lagerkosten. Das so gebundene Kapital könnte gewinnbringend angelegt oder investiert werden.

- Weil ein großes Lager Kosten verursacht. Eine Ware, die lange lagert, kostet Geld. Sie braucht Raum, Energie und Personalaufwand zur Warenkontrolle und -pflege. Eine Minimierung der Lagerkosten führt zu höheren Gewinnen.

Lernfeld Magazin

- Weil es Lagerverluste geben kann. Sie entstehen bei Lebensmitteln z. B. durch Austrocknen, Verderb oder Schädlingsbefall. Andere Waren können aufgrund technischer Neuerungen oder verbesserter Produkte veralten. Bei haltbaren Lebensmitteln und Nonfoodartikeln entstehen auch durch Diebstahl Verluste.

- Weil auch ein möglicher Notfall einkalkuliert werden sollte, z. B. Brand- oder Wasserschaden.

Die Warenbestände in einem Magazin dürfen nicht zu klein sein:

- Weil zu geringe Bestände den Betriebsablauf stören. Wenn eine bestimmte Ware nicht mehr im Lager ist, muss sie schnell besorgt werden. Dafür ist Personalaufwand notwendig.

- Weil höhere Kosten entstehen. Wenn kurzfristig nachgekauft werden muss, kann das teuer werden. Möglicherweise muss auf einen anderen, teureren Lieferanten ausgewichen werden.

- Weil die gewünschte Qualität nicht vorliegt. Bei eiligen Nachkäufen ist es wahrscheinlich, dass das Gewünschte nicht in gewohnter Qualität zu bekommen ist.

6.3 Warenarten

Es werden zwei Arten von Waren unterschieden:

FOOD
sind alle Lebensmittel, sie werden unterteilt in

- **frische Lebensmittel und Rohstoffe**
  Schlachtfleisch, Fisch, Geflügel, Wild, Wildgeflügel, Gemüse und Salate, Obst, Kartoffeln, Milch und Sahne, Eier

- **Fertigerzeugnisse:**
  Fleisch, Fisch, Wurst, Käse, Gemüse und Salate, Brot, Speiseeis, Wein und Sekt, Bier, sonstige Getränke

- **Nährmittel:**
  Mehl, Reis, Grieß, Haferflocken, Öl, Butter, Salz, Zucker, Gewürze

NONFOOD
sind keine Lebensmittel:

- Reinigungsmittel, Papier, Büromaterial, Porzellan, Gläser, Besteck, Wäsche, Dekorationsmaterial, Werbemittel wie Streichhölzer oder Kugelschreiber, Geräte und Maschinen, Möbel

6.4 Lagerbedingungen

Geeignete Lagerbedingungen gewährleisten die Haltbarkeit der Waren, deshalb müssen **Hygiene, Temperatur** und **Luftfeuchtigkeit** in den Lagerräumen den zu lagernden Gütern optimal angepasst werden.
Je nach Warenart unterscheiden sich die Bedürfnisse an Temperatur und Luftfeuchtigkeit.

6.4.1 Hygiene

Hygienerisiken ergeben sich besonders bei der Rohstofflagerung und der Aufbewahrung fertiger Speisen. Es kann passieren, dass Ware bereits mit krankheitserregenden Mikroorganismen (unsichtbar bei der Warenannahme) kontaminiert ankommt. Treffen diese Krankheitserreger dann auf für sie günstige Lebensbedingungen, vermehren sie sich schnell. Mikroorganismen lieben Wärme und Feuchtigkeit und brauchen ein geeignetes Nährmedium. Deshalb müssen die Vorschriften zur getrennten Lagerung bestimmter Lebensmittel eingehalten und Lagerräume nach einem Hygieneplan regelmäßig gereinigt und desinfiziert werden. Außerdem wird hygienische Sicherheit im Betrieb durch Produkt- und Personalhygiene, einen sauberen Anlieferungsbereich und Schädlingsbekämpfung durch professionelle Firmen gewährleistet.

6.4.2 Schädlinge

Zu den Schädlingen gehören Insekten wie Getreidemotten, Mehlkäfer, Brotkäfer, Getreideplattkäfer, Dörrobstmotten, Ameisen, Essigfliegen, Schaben, Silberfischchen und Nagetiere wie Mäuse und Ratten. Sie verunreinigen Nahrungsmittel durch Kot, und sie verschleppen Keime. Schädlingsbefall erkennt man an Fraßschäden, Spinnweben, Kotspuren, umherfliegenden Motten oder Fliegen, toten Insekten oder Insektenteilen.

Beispiele:
Löcher in Bohnen, Linsen, Nüssen, Samen; Spinnweben am äußeren Rand der Verpackung in Getreideprodukten, Kokons im Reis, Grieß u. Ä., Ameisenstraße.

Alle **Vorräte** sollen in fest **verschließbaren Behältern** lagern, die idealerweise durchsichtig sind, damit Schädlingsspuren leicht zu erkennen sind.

Schädlinge bevorzugen feuchte Räume. Sie können gut in Ecken und Ritzen oder hinter Schränken und Regalen leben. Stehende Luft begünstigt das Wachstum von Schimmelpilzen; diese bilden Nahrung für Ungeziefer, das dann angelockt wird.
Lagerräume müssen kühl, trocken und gut belüftet sein. Die Fenster müssen mit Fliegengaze bespannt sein.

Eine regelmäßige Kontrolle auf Schädlinge ist unerlässlich. Wird Befall festgestellt, muss die gesamte Ware untersucht und aussortiert werden. Befallene Lebensmittel werden für 2 Stunden im Ofen auf etwa 80 °C erhitzt, um alle Schädlinge und deren Eier abzutöten und eine weitere Verbreitung zu vermeiden. Die so behandelten Lebensmittel werden entsorgt.

In allen Lebensmittelbereichen muss sehr vorsichtig mit Insektengiften umgegangen werden. Zur Vorsorge können z. B. elektrische Insektenfänger aufgehängt oder Köderdosen aufgestellt werden. Gegen Motten helfen Klebestreifen mit einem Lockstoff. Am besten jedoch nimmt man professionelle Hilfe in Anspruch und bestellt zur Schädlingsbekämpfung einen Kammerjäger.

6.4.3 Temperatur und Luftfeuchtigkeit

Lagerräume müssen **kühl und trocken** sein. Das verlängert die Haltbarkeit der Waren und ist ungünstig für die Vermehrung von Mikroorganismen.

In jedem Raum muss ein Thermometer fest installiert sein, an dem die Lagertemperatur täglich überprüft wird. Leicht verderbliche Waren müssen kühl gelagert werden, andere können bei gemäßigten Temperaturen aufbewahrt werden.

Die „relative Luftfeuchtigkeit" in einem Raum ist abhängig von der Temperatur. Sie wird in Prozent gemessen und gibt an, wie viel der maximal möglichen Menge Wasserdampf sich momentan in der Luft befindet. Sie wird mit einem Hygrometer gemessen. Das kann – ebenso wie ein Thermometer – in jedem Lagerraum fest installiert sein.
Genauer wird mit einem Kombinationsgerät mit Fühler für die Temperatur und Luftfeuchtigkeit gemessen.

Die Vorgaben für die Luftfeuchtigkeit sind nicht durch die LMHV vorgeschrieben. Es gibt Empfehlungen, die auf Erfahrungswerten beruhen. Die relative Luftfeuchtigkeit soll etwa 50 % in Räumen für Trockenprodukte und etwa 90 % in Kühlhäusern betragen. Die Höhe der Luftfeuchtigkeit muss den Waren angepasst werden, so herrscht im Obst- und Gemüsekühlhaus eine höhere Luftfeuchtigkeit, damit diese Lebensmittel länger frisch bleiben und nicht so schnell welken.

Bei zu geringer Luftfeuchtigkeit trocknen Lebensmittel aus. Frischfleisch oder Käse bekommen eine trockene, harte Oberfläche. Austrocknung führt zu Gewichts- und damit zu Lagerverlusten. Es ist wichtig, Lebensmittel immer gut abzudecken, z. B. mit Frischhaltefolie. Wenn die Luftfeuchtigkeit zu hoch ist, wird das Wachstum von Schimmelpilzen und anderen Mikroorganismen gefördert. Trockenprodukte bilden Klumpen, Brot und Backwaren verlieren an Frische.

Möbel, Holzgegenstände und Papier nehmen Schaden bei feuchter Lagerung.

Kombigerät zur Messung von Temperatur und Feuchte.

6.4.4 Ausstattung und Einrichtung der Lagerräume

Die Lebensmittelhygiene-Verordnung schreibt die baulichen Maßnahmen und die Ausstattung von Lagerräumen vor. Sie legt fest, wie „Betriebsstätten" beschaffen sein müssen, damit eine gute Lebensmittelhygienepraxis zum Schutz der Lebensmittel gegen „nachteilige Beeinflussung" gewährleistet ist. Es dürfen keine Baumaterialien verwendet werden, die eine strukturierte Oberfläche haben, weil sie schwer zu reinigen sind. In Ritzen, undichten Fugen und zwischen beschädigten Kacheln oder Fliesen finden Schädlinge gute Verstecke, deswegen müssen alle Oberflächen hell und unversehrt sein.

Die verwendeten Materialien wie Fliesen, Kacheln und Wandanstriche müssen leicht zu reinigen und die Lagerregale müssen rostfrei sein.

Die Hygieneverordnung schreibt vor, dass Reinigung und Desinfektion jederzeit möglich sein, die erforderlichen Temperaturen eingehalten werden und genug Be- und Entlüftungsmöglichkeiten sowie ausreichende Beleuchtung vorhanden sein müssen.

Im Einzelnen legt die Hygieneverordnung zur Einrichtung der Lagerräume fest:

- **Decken und Deckenvorrichtungen (z. B. Beleuchtung)**
  Decken müssen so beschaffen sein, dass Schmutz- und Kondenswasseransammlungen sowie auch Schimmelbefall und Materialablösungen vermieden werden. Die Materialien müssen glatt, feuersicher, hell und leicht zu reinigen sein.

- **Wandanstriche und Kacheln**
  Wände und Trennwände sind bis zu ausreichender Höhe mit glattem, waschbarem, undurchlässigem Material zu bedecken, Fugen müssen wasserdicht sein. Alles muss glatt, abwaschbar, hell und ohne Hohlräume (Schädlingsverstecke) sein.

- **Fußboden und Bodenbeläge**
  Bodenbeläge müssen stoßfest, fäulnisresistent, wasserundurchlässig, rutschfest und ohne Risse sein. Damit keine Pfützen entstehen, muss der Boden leicht geneigt sein und abgedeckte Bodenabflüsse haben.

- **Fenster und Türen**
  Fenster und Türen müssen mit glatten, abwaschbaren Oberflächen versehen sein. Fenster müssen mit leicht entfernbaren Insektengittern (bessere Reinigung möglich) ausgestattet sein.

- **Lagerregale**
  Regale aus Metall sind Holzregalen vorzuziehen; sie müssen sich leicht reinigen lassen.
  Die Lagerregale werden nicht mit Papier oder Wachstuch ausgelegt, weil sich darunter gerne Schädlinge verstecken.

Außerdem sollten alle Lagerräume abschließbar sein, um Verluste durch Diebstahl gering zu halten.

6.4.5 Aufteilung der Lagerräume

Auch beim Planen der Lagerräume müssen die hygienischen Vorschriften beachtet werden.

Bei der Anordnung der Räume und Transportwege muss die Übertragung von Keimen von einem Bereich in den nächsten (Kreuzkontamination) vermieden werden. So müssen Anlieferungsbereich (Warenannahme) und Produktionsbereich (Küche) mit den dazugehörigen Arbeits-, Kühl- und Lagerräumen baulich voneinander getrennt sein.

Eine unterschiedliche farbige Gestaltung der Arbeitsbereiche (z. B. unterschiedliche Bodenbeläge, farbige Streifen an den Wänden und Türen) erleichtert den Mitarbeitern die Unterscheidung.

Wie viel Lagerräume ein Betrieb einrichtet, hängt von seiner Art und Größe ab.

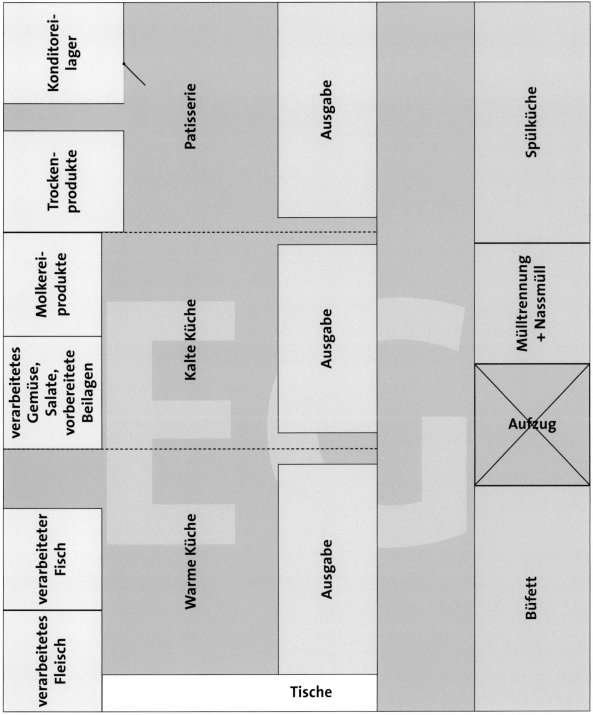

Beispiel – Grundriss einer sinnvollen Raumaufteilung.

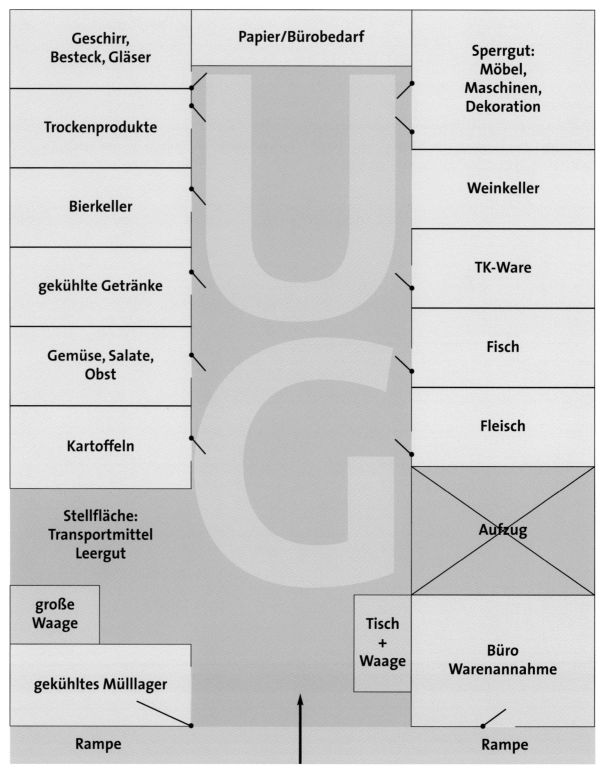

6.4.6 Getrennte Lagerung der Lebensmittel

Lebensmittel werden bei der Lagerung getrennt. Rohware wird nicht zusammen mit verarbeiteter Ware gelagert.

Lebensmittel werden nach Gruppen (Fleisch, Fisch, Geflügel, Wild, Gemüse, Obst, Eier, Molkereiprodukte, Feinkost) voneinander gesondert aufbewahrt. „Unreine" Lebensmittel werden von „reinen" getrennt.

"Unreine Lebensmittel" sind mit hoher Keimzahl und eventuell auch mit Krankheitserregern verunreinigt. Dazu gehören Gemüse und Salate, vor allem Pilze und Kartoffeln. Sie gelten als unrein, weil sie in der Erde wachsen. In Erde und Luft kommen viele Keime natürlich vor, und die Lebensmittel sind zwangsläufig mit ihnen behaftet. Deshalb trennt man Gemüse, Salate und Obst von anderen Lebensmitteln. Sie dürfen nicht zusammen mit z. B. Milchprodukten oder Fleisch gelagert werden, weil die Mikroorganismen ideale Lebensbedingungen zur Vermehrung vorfinden würden. Fisch, Geflügel und Eier sind auch "unrein", denn sie sind Träger von Salmonellen und müssen deswegen getrennt von anderen Lebensmitteln aufbewahrt werden.

Wild in der Decke und Geflügel im Federkleid sind extrem mit Mikroorganismen und Kleinlebewesen behaftet. Sie dürfen nicht in einem Raum mit unverpackten Lebensmitteln verwahrt werden.

"Reine Lebensmittel" haben eine geringe Keimzahl (es gibt keine keimfreien [= sterile] Lebensmittel). Sie bilden aber oft einen guten Nährboden für eingeschleppte Mikroorganismen.

Es werden also schon aus hygienischen Gründen verschiedene Lagerräume mit unterschiedlichen Temperaturen benötigt.

6.5 Kühllagern in Kühl- und Tiefkühlräumen

Leicht verderbliche Lebensmittel werden in Kühlhäusern und Tiefkühlräumen aufbewahrt.

Alle Kühlräume sind mit einem Ventilator ausgestattet, der zur Luftzirkulation notwendig ist. Der Filter muss leicht zu entfernen und zu reinigen sein. Die Türen dürfen nicht offen bleiben. Bei der Warenkontrolle in den Kühlräumen müssen die Mitarbeiter als Kälteschutz unbedingt warme Kleidung tragen.

Der Platz in Kühl- und Gefrierräumen muss gut ausgenutzt werden, denn ungenutzter Kühlraum ist Energie- und Kostenverschwendung.

Regeln zur Lagerung im Kühlhaus:

- Nur abgekühlte Speisen in den Kühlraum stellen, das verringert die Reifbildung, dient der Hygiene und dem neutralen Geruch.
- Geruchsempfindliche Lebensmittel (Milch) fest verschlossen aufbewahren.
- Alle Lebensmittel in sauberen Behältern mit passenden Deckeln oder Frischhaltefolie abdecken (feuchte Küchenhandtücher sind ungeeignet), damit sie nicht austrocknen und um Übertragung von Fremdgerüchen zu vermeiden.

Im **Tiefkühllager** müssen mindestens −18 °C herrschen. Sicherer zur Qualitätserhaltung der Lebensmittel ist eine noch niedrigere Temperatur.
Für das Lagern in Tiefkühllagern gibt es keine Trennungsvorschriften für Lebensmittel, da die Lebensmittel verpackt und die Tätigkeit der Mikroorganismen stark herabgesetzt ist.

Regeln zur Lagerung im Tiefkühlraum:

- Bei Lieferung neuer Waren muss die Kühlkette eingehalten werden.
- Aufgetaute oder angetaute Lebensmittel dürfen nicht wieder eingefroren werden.
- Alle Lebensmittel müssen gut verpackt sein als Schutz vor Gefrierbrand und Keimübertragung.
- Das Tiefkühllager muss regelmäßig abgetaut werden, das wirkt energiesparend und erschwert Mikroorganismen die Vermehrung.

Durch falsches Lagern entsteht **Gefrierbrand:** Es verdampft Feuchtigkeit aus dem Lebensmittel und gefriert. Auf der Ware entstehen weißliche, helle Stellen. Der Geschmack wird später strohig und fade sein. Die verdampfte Flüssigkeit fördert die Eisschneebildung.

Lernfeld Magazin

6.6 Empfohlene Lagerbedingungen ausgewählter Lebensmittel

Waren	Lagerraum	empfohlene Temperatur	empfohlene relative Luftfeuchtigkeit	Bemerkungen
tiefgekühlte Lebensmittel	Tiefkühlraum	−25 bis −20 °C	90 bis 95 %	Tiefgekühlte Lebensmittel können zusammen gelagert werden, da die Tätigkeit der Mikroorganismen aufgrund der niedrigen Temperaturen stark eingeschränkt ist. Die Produkte sind geordnet und übersichtlich in die Regale einsortiert. Die maximale Temperatur beträgt −18 °C; zur Qualitätserhaltung werden noch niedrigere Temperaturen empfohlen.
Frischfleisch, Hackfleisch, Innereien	Kühlraum	0 bis +3 °C	85 bis 95 %	Neu angelieferte Ware soll von abgehangenem Fleisch getrennt sein, die einzelnen Fleischstücke dürfen sich nicht berühren. Ausgelöstes Filet oder andere wertvolle Teile in Öl unter Luftabschluss aufbewahren. Wenn die Temperaturen bis max. +3 °C eingehalten werden, können auch Innereien im selben Raum gelagert werden.
Geflügel				Kann in küchenfertigem Zustand (gerupft und ausgenommen) im selben Kühlraum, aber im gesonderten Regal lagern.
Wild, Wildgeflügel		0 bis +4 °C	85 bis 95 %	Wild und Wildgeflügel dürfen niemals neben unverpacktem Fleisch oder Lebensmitteln gelagert werden, sondern werden räumlich getrennt aufbewahrt. Wild in der Decke und Wildgeflügel im Federkleid (nicht ausgenommen) müssen zur Reifung frei hängen.

Waren	Lagerraum	empfohlene Temperatur	empfohlene relative Luftfeuchtigkeit	Bemerkungen
Frischfisch auf Eis, Krusten-, Schal- und Weichtiere	Kühlraum	−2 bis +2 °C	85 bis 95 %	
Milch und Milchprodukte, Käse, vorbereitete Gemüse, Salate und Beilagen	Kühlraum	+2 bis +5 °C	75 bis 85 %	
Eier	Kühlraum	max. +7 °C		Eier dürfen nicht neben unverpackten Lebensmitteln gelagert werden. Lagerung mit verpackten Lebensmitteln möglich (z. B. mit Milchprodukten), aber im separaten Regal. Ab dem 18. Tag nach Legedatum müssen sie gekühlt gelagert werden.
unverarbeitete Gemüse und Salate, Obst	Kühlraum, klimatisierter Lagerraum	+3 bis +5 °C	90 bis 95 %	
Ananas, Bananen, andere Südfrüchte	klimatisierter Lagerraum	+8 bis 10 °C	85 bis +90 %	Südfrüchte sind sehr empfindlich und nur kurz lagerfähig.
Kartoffeln	kühler, dunkler Lagerraum	+4 °C		Kühl und dunkel lagern, damit sie nicht keimen; am besten auf einem Rost, damit die Luft zirkulieren kann, nicht höher als 50 cm schichten.

Lernfeld Magazin

6.7 Kühl- und Normallagern von Getränken

Getränke können kühl oder bei normalen Temperaturen gelagert werden.
Mineralwasser, Säfte, Erfrischungsgetränke u. Ä. dürfen auch zusammen mit Lebensmitteln im Kühlraum aufbewahrt werden, da die Getränke „verpackt" sind. In der Regel werden größere Lagermengen in einem Raum **ohne Kühlung** aufbewahrt. Die Getränke, die für den täglichen Service benötigt werden, sind gekühlt in Reichweite des Büfetts. Spirituosen werden im Normallager verwahrt und nach Bedarf gekühlt, z. B. an der Bar.

Bierkeller

Im Bierkeller dürfen außer Bier in Fässern, Kegs und Flaschen, Getränkecontainern und Kohlensäureflaschen keine anderen Waren gelagert werden. Kohlensäureflaschen müssen immer aufrecht stehen und mit einer Kette oder einem Seil gegen Umfallen gesichert sein.
Es muss eine Temperatur von 8 bis 10 °C herrschen. Die Bierleitungen müssen regelmäßig gereinigt werden; die Termine werden im Schankanlagenbetriebsbuch festgehalten.

Weinkeller

Ein geeignetes Klima im Weinkeller unterstützt die Reifung der Weine. Flaschenweine lagern am besten zwischen 8 und 14 °C, wobei 10 °C als Idealtemperatur angesehen werden. Wichtig ist vor allem, dass es keine Temperaturschwankungen gibt. Die Luftfeuchtigkeit sollte zwischen 60 und 70 % betragen, einige Winzer empfehlen 80 %. Es darf kein ständiger Lichteinfall im Keller sein und keine Belästigung durch Gerüche.
Weinflaschen werden liegend gelagert, damit der Korken nicht austrocknet. Es muss Luft um die Weinflaschen herum zirkulieren können, daher eignen sich Tonröhren, in denen die einzelnen Flaschen mit etwas Platz liegen, besonders gut. Im Weinkeller sind auch Holzregale zugelassen. Weine, die kühl serviert werden (Weißwein), liegen unten, und Weine, die wärmer serviert werden (Rotwein), liegen weiter oben.

Die Flaschen lagern in nummerierten Regalen. Es ist sinnvoll, dass die Nummern mit den Artikelnummern auf der Getränkekarte und in der Bonierkasse übereinstimmen. Rotweine, die lange lagern und bei denen ein Depot zu erwarten ist, werden mit dem Etikett nach oben gelagert. Sie werden liegend in einem Korb aus dem Weinkeller geholt. Bei der Präsentation des Weins am Tisch der Gäste liegen die Rotweinflaschen ebenfalls mit dem Etikett nach oben in dem Korb. Wenn sie umgedreht gelagert oder serviert würden, würde das Depot überall in der Flasche verteilt. Wenn es keinen geeigneten Weinkeller gibt, lagert man Flaschenweine in einem speziellen Weinkühlschrank.

6.8 Normallagern

Für Trockenprodukte und Nonfoodwaren bieten **trockene, kühle, dunkle Kellerräume** ausreichende Lagertemperatur. Die Räume müssen im Winter frostsicher sein, und im Sommer dürfen die Temperaturen nicht zu hoch ansteigen. Die Räume müssen regelmäßig belüftet werden. Die relative Luftfeuchtigkeit sollte bei 50 % liegen, damit Nährmittel nicht klumpen oder Papier sich nicht wellt.
Trockenerzeugnisse wie Hülsenfrüchte, Reis, Getreide und Getreideprodukte, Zucker, Kuvertüre, Backzutaten, Öl, Salz, Gewürze und Konserven lagern ideal bei 10 bis 15 °C.

Nonfoodwaren brauchen ähnliche Lagerbedingungen, können aber bei 15 bis 20 °C aufbewahrt werden. Sie müssen räumlich getrennt von Lebensmitteln gelagert werden.

Im **Porzellanlager** können Besteck, Geschirr und Gläser zusammen lagern. Gläser und Geschirr werden entweder in Originalkartons oder in anderen Kartons, die deutlich beschriftet sind, aufbewahrt. Geschirrkartons dürfen wegen ihres Gewichts nicht zu hoch in den Regalen gestapelt werden. Alle Teile müssen sicher aufbewahrt werden. Tabletts, Silberplatten, Kerzenleuchter usw. sollten so gestapelt sein, dass eine Bestandskontrolle (Inventur) leicht möglich ist.

Im **Wäschemagazin** werden Bett- und Tischwäsche, Handtücher und Arbeitskleidung nach Arten getrennt gelagert. Hier wird nur die neue Wäsche aufbewahrt. Alle Wäschestücke, die im Gebrauch sind, lagern im jeweiligen Office; Bettwäsche und Handtücher im Etagenoffice, Tischwäsche im Office nahe dem Servicebereich.

Möbel und **sperriges Gut** (große Dekorationsstücke, selten benötigte Maschinen) müssen trocken aufbewahrt werden. Im Lagerraum sollte alles gut zugänglich, übersichtlich und sicher abgestellt sein.

Im **Papierlager** werden Büromaterial, Papier für Drucker und Kopierer, Briefbogen, Prospekte, Preislisten und andere Druckerzeugnisse aufbewahrt. Kleinere Mengen an Papier und Stiften werden zentral in den Abteilungen in abschließbaren Schränken deponiert.

6.9 Lagerung von Abfällen

Laut Hygieneverordnung dürfen Lebensmittelabfälle und andere Abfälle nicht in Räumen gesammelt werden, in denen Lebensmittel gelagert, bearbeitet oder Speisen hergestellt werden. Das bedeutet, dass die Abfälle aus der Küche, vom Büfett und aus der Spülküche mehrmals am Tag in den Abfallraum gebracht werden müssen. Abfälle gehören in verschließbare Behälter. Wieder verwertbare Rohstoffe wie Papier, Glas und Metall werden getrennt gesammelt.
Für verderbliche Abfälle (Speisereste) muss eine Kühlmöglichkeit vorhanden sein.

Das Abfalllager, alle Behälter, Aufzüge und Transportwege müssen sauber und instand gehalten werden und frei von Schädlingen sein.

6.10 Sichtkontrolle der lagernden Produkte

Lagernde Waren werden in regelmäßigen Abständen auf ihren Zustand und ihre Haltbarkeit kontrolliert. Nicht einwandfreie oder verdorbene Lebensmittel werden aussortiert. Gleichzeitig wird die Einhaltung der Lagerbedingungen wie Temperatur und Luftfeuchtigkeit geprüft und dokumentiert (z. B. auf Temperaturkontrolllisten).
Lagerräume werden auf Sauberkeit (Einhaltung des Reinigungsplans) und Schädlinge kontrolliert.
Die Lebensmittel in den Kühlhäusern werden täglich gesichtet. Sie müssen in sauberen Behältern und abgedeckt aufbewahrt werden. Die Lebensmittel-Trockenlager werden ungefähr einmal wöchentlich und nach Bedarf kontrolliert. Stellt man bei der Sichtkontrolle Mängel an einem Produkt fest, wird der gesamte Bestand überprüft.

Man achtet auf

- Verunreinigungen
- angetrocknete und verdorbene Stellen
- Farbveränderungen
- Ablagerungen
- Beschädigung der Verpackung
- ausreichendes Haltbarkeitsdatum
- Schneebildung oder Gefrierbrand
- Rost an Konserven
- Klumpenbildung
- Gläser mit offenen Deckeln
- Vakuumverpackungen ohne Vakuum

- Schimmelbildung auf dem Lebensmittel oder an der Verpackung
- Dosen mit Bombagen
- Konserven mit trübem Aufguss oder schlechtem Geruch

Diese Anzeichen weisen auf pathogene (= krankheitserregende) Mikroorganismen hin.

6.11 Beispielrechnung zum Schwund

Lagerverluste, die durch Reifung, Austrocknung oder Verderb entstehen, werden als „Schwund" bezeichnet.

Schwund wird mithilfe der Prozentrechnung ermittelt.

Prozentwert = Anteil des Verlustes in Gewichtseinheiten (g, kg)

$$= \frac{\text{Grundwert} \times \text{Prozentsatz}}{100}$$

Grundwert = Ausgangsgewicht (kg, g) der Ware vor dem Verlust

$$= \frac{\text{Prozentwert} \times 100}{\text{Prozentsatz}}$$

Prozentsatz = Anteil des Verlustes in Prozent

$$= \frac{\text{Prozentwert} \times 100}{\text{Grundwert}}$$

Beispiel:

Es wird luftgetrocknete Salami geliefert. Bei der Warenannahme wog die Salami 980 g. Bevor die Salami aufgeschnitten wird, wird sie erneut gewogen, um festzustellen, für wie viel Personen der Aufschnitt reichen wird. Das Gewicht beträgt nun 923 g.
Berechnen Sie den Verlust in Gramm und in Prozent!

1.
    980 g
  −923 g
    57 g

2. Prozentsatz (Verlust in Prozent)

$$= \frac{57\,g \times 100}{980\,g}$$

$$= 5{,}81\,\% \text{ Verlust}$$

Die Salami hat 57 g ihres Gewichts durch Verdunstung verloren. Das entspricht 5,81 % Verlust.

Aufgaben

1. Der Auszubildende Kasimir hilft auf dem Entremetier-Posten. Er holt 5 Portionen Erbsen aus einem 3-kg-Beutel aus dem Tiefkühlraum. Er vergisst, den Beutel wieder sorgfältig zu verschließen. Was wird passieren?

2. Er werden Gemüse, Blattsalate und Kartoffeln angeliefert. Nun müssen die Waren sachgerecht gelagert werden. Beschreiben Sie ausführlich, welche Lagerbedingungen berücksichtigt werden müssen!

3. Sie arbeiten zurzeit in der Patisserie und haben einen Marmorkuchen gebacken. Sie benötigen für Ihren Kuchen nur eine halbe Packung Kakaopulver und lagern den Rest wieder ein. Worauf müssen Sie achten?

4. Für den Abendservice werden um 16.00 Uhr frische Brötchen geliefert. Wie sollten die Brötchen aufbewahrt werden?

5. Zeichnen Sie einen Grundriss mit allen Lagerräumen Ihres Ausbildungsbetriebs, und kommentieren Sie anhand der Zeichnung die gesetzlichen Vorschriften zur Hygiene und Temperatur!

6. Folgende Waren sind angekommen. Beschreiben Sie für jede einzelne Ware die Bedingungen zur Lagerung! Beachten Sie die gesetzlichen Bestimmungen und hygienischen Anforderungen!

An
Restaurant „Reismühle"
Birkenstieg 23
63342 Ritterstadt

Lieferschein Nr. 00813208

Ihr Ansprechpartner	Tour-Nr.	Kunden-Nr.	Liefer-Datum
Frau Senkel (03 77 XX) 6 43 XX	P 190	0034118	29. 09. 01

ARTIKEL-NR.	BEZEICHNUNG	MENGE	PREIS IN €	
433210	Scampi, tiefgefroren	5,000 kg	pro kg	23,10
590883	Lachsforellenfilet ohne Haut	15,000 kg	pro kg	10,20
607801	Hirschrücken ohne Knochen	10,350 kg	pro kg	21,40
870996	Ziegenkäse, 55 % Fett i. Tr,. à 250 g	5 Stück	pro Stück	1,95
764311	Birnen	5,000 kg	pro kg	1,60
564310	Mehl, Type 1050	10,000 kg	pro kg	0,75
230041	Himbeer-Essig, 0,75 l	5 Fl.	pro Fl.	3,15

Ware erhalten
Unterschrift: .... Uhrzeit: ....

Aufgaben

An
Hotel Hamburg
Hauptstr. 6
13357 Hilsheim

Fohlentwiete 3–5   13326 Farnsdorf

LIEFERSCHEIN NR. 00762

Ihr Ansprechpartner *Frau Sebald* Tour-Nr. *L 222*
Kunden-Nr. *000032165* Lieferdatum *30. 07.*

Anzahl	Einheit	Artikel	Preis
25	Stück	Maispoularden	3,10 € / Stück
30	Stück	Wachteln	2,35 € / Stück
25,500	kg	Wildlachs	15,00 € / kg
12,750	kg	Zander	11,10 € / kg
3,000	kg	tiefgefrorene Scampi	29,75 € / kg
5,000	kg	Äpfel	1,55 € / kg
20	Kopf	Eichblattsalat	0,97 € / Kopf
500	g	Rucola	0,70 € / 100 g
10	Stück	Ananas	1,80 € / Stück
360	Stück	Eier, Handelsklasse A Gewichtsklasse M	0,13 € / Stück
20,000	kg	Mehl, Type 405	0,60 € / kg

Ware erhalten

Unterschrift...... *Treder* ...... Uhrzeit...... *10.00 Uhr* ......

7. Beschreiben Sie detailliert für jede Ware die Lagerbedingungen! Beschreiben Sie außerdem, in welcher Reihenfolge Sie die Waren in die Lageräume bringen, und wie Sie sie einsortieren!

8. Ein Stück Schinken wiegt bei der Lieferung 2,750 kg. Durch einen Fehler im Lüftungssystem des Kühlhauses ist die Luftfeuchtigkeit nun zu niedrig. Beim erneuten Wiegen hat der Schinken ein Gewicht von 2,690 kg.
Wie viel Prozent beträgt der Verlust?

9. Französischer Ziegenkäse verliert bei der Reifung 3,6 % seines Gewichts. Bei der Warenannahme wog der Käse 0,500 kg.
   Wieviel g wiegt der Käse jetzt?

10. Am Morgen wurden 2,500 kg Brötchenkonfekt (Mini-Brötchen) geliefert.
    Vom Frühstücksbüfett verzehren die Gäste 1750 g. Der Rest wird offen in einem Korb aufbewahrt. Vor dem Abendgeschäft im Restaurant wird erneut gewogen.
    Wie viel g sind nach einem Lagerverlust durch Austrocknen von 1,2 % noch übrig?

11. Bei der Einkellerung von 2 dz Kartoffeln entstand durch Verderb ein Verlust von 4,2 %.
    Wie hoch war der Verlust in kg?

12. Im Kühlhaus hängt Rindfleisch zur Reifung ab und wird dabei um 3,25 % leichter.
    Es verliert dabei 585 g seines Gewichts.
    Wie viel wog es bei der Warenannahme?

13. Es werden 3 Weizenmischbrote à 750 g und 5 Roggenvollkornbrote à 550 g geliefert.
    Am 2. Tag nach der Lieferung wiegen die Weizenmischbrote noch 2126 g und die Roggenvollkornbrote noch 2681 g.
    a) Wie viel % Lagerverlust gab es jeweils?
    b) Welche Brotsorte bleibt länger frisch?

14. 5 kg Bananen werden zu kalt gelagert. Dadurch werden 28 % unbrauchbar.
    1 kg Bananen kostet 1,40 €.
    a) Wie hoch ist der Verlust in g?
    b) Wie hoch ist der Verlust in €?

15. Mittelalter Gouda verliert bei 3 Wochen Lagerung 68 g seines Gewichts, das entspricht 2,75 %.
    Wie viel wog der Käse bei der Einlagerung?

16. Es werden 4 kg Kichererbsen eingelagert, 1 kg kostet 8,20 €.
    4 Wochen später werden bei der Sichtkontrolle Fraßschäden festgestellt.
    76 % der Kichererbsen haben winzige kreisrunde Löcher, die durch Speisebohnenkäfer verursacht wurden.
    a) Wie hoch ist der Verlust in kg?
    b) Wie hoch ist der Verlust in €?

17. Ein Knochenschinken verliert bei der Lagerung 5,5 % seines Gewichts, das entspricht 440 g.
    Wie viel kg wog der Schinken vorher?

7 Warenausgabe

Nach der Warenannahme und der angemessenen Lagerung von Gütern wird die Ware aus dem Lager an die einzelnen Abteilungen ausgegeben. Die Mitarbeiter des Magazins müssen die Verteilung der angeforderten Waren organisieren und die Abgänge in den Lagerdateien verzeichnen. Auch bei der Warenausgabe müssen die gesetzlichen Vorschriften zum hygienischen Umgang mit Lebensmitteln und die Temperaturvorschriften beachtet werden. Eine gut organisierte und effiziente Warenausgabe unterstützt die einwandfreie Funktion des Betriebs.

7.1 Verteilen der Ware

In jeder Abteilung befinden sich immer genug Ware und Material für das laufende Geschäft. **Nachschub** wird dann täglich und nach Bedarf aus dem Magazin angefordert. Die Waren werden jeden Tag für den kommenden Tag **schriftlich** auf einem Warenanforderungsschein beim Mitarbeiter, der für die Warenausgabe zuständig ist, **bestellt.**

Für **Sonderveranstaltungen** wird der Warenverbrauch **frühzeitig** geplant und angefordert. Dazu ist es oft notwendig, dass nicht nur alle benötigten Lebensmittel und Getränke geordert werden, sondern ebenso Geschirr, Besteck, Servierplatten, Tischwäsche, Blumenschmuck, Kerzenleuchter, Dekoration usw.

Beim Verteilen der Waren aus dem Magazin an die Abteilungen müssen alle hygienischen Vorschriften und die vorgeschriebenen Temperaturen für gekühlte und tiefgekühlte Lebensmittel eingehalten werden. Es sind geeignete und sichere Transportmittel zu benutzen.

Regeln zur Warenausgabe

- TK-Ware und gekühlte Lebensmittel zügig an die Abteilungen ausgeben
- Kühlkette bei TK-Produkten einhalten
- Lagertemperatur gekühlter Lebensmittel einhalten
- Saubere Transportgeräte (Wagen, Sackkarre) benutzen
- Für die Ware geeignete Transportmittel benutzen
- Ware sicher auf Transporthilfe anordnen bzw. stapeln
- Für schwere Artikel Hilfe zum Tragen holen
- Waren und Transporthilfen nicht als Hindernis im Weg abstellen
- Warenanforderungsscheine auf Klemmbrett (oder an Klammervorrichtung vorne am Wagen) nach der Reihenfolge der Ausgabe geordnet befestigen
- Erhalt der Ware immer quittieren lassen
- Bruch sofort verzeichnen

Hotel Adler — Warenausgabeschein

Abteilung: **BAR** Datum: **23. 10.**
angefordert durch: **Baumann**

Menge	Einheit	Artikel	Preis
1	kleine Flasche	Angostura Bitter	
1	Flasche	Fernet-Branca	
1	Flasche	Tequila, braun	
3	Flaschen	Cachaça	
2	Flaschen	Grenadine-Sirup	
12	kleine Flaschen	Tonic Water	
12	kleine Flaschen	Ginger Ale	
1	kg	Zitronen	
3	Dosen	Oliven	

Ware ausgegeben durch: **Rister** Datum: **24. 10.**
Ware empfangen von: **Baumann**

7.2 Keine Ware ohne Bon

Auch im Magazin gilt – wie auch in den anderen Abteilungen – KEINE WARE OHNE BON!

Der Warenverbrauch innerhalb des Betriebs wird durch Belege nachgewiesen und kontrolliert. Jede eingehende Ware muss per Gesetz in ein Wareneingangsbuch oder eine Wareneingangsdatei eingetragen werden.

Benötigt eine Abteilung Ware aus dem Magazin, muss diese bestellt werden. Es ist unmöglich, dass jeder Mitarbeiter freien Zugang zu den Lagerräumen hat und sich holt, was er braucht. Es muss ein Warenanforderungsschein ausgefüllt werden. Dadurch wird der Warenverbrauch der einzelnen Abteilungen und der Warenfluss im gesamten Betrieb kontrolliert.

Der Mitarbeiter des Magazins gibt die Ware gegen den Anforderungsschein heraus, und der Empfänger in der Abteilung quittiert den Erhalt der Ware mit seiner Unterschrift.

Aus der Küche und vom Büfett wird die verarbeitete Ware nur gegen einen Bon an das Servicepersonal herausgegeben.

Der Warenfluss am Beispiel von Apfelsaft:

- Bestellung von 3 Kisten Apfelsaft beim Getränkelieferanten
- Lieferung von 3 Kisten Apfelsaft
- Eintrag in Wareneingangsbuch, Lagerfach- und Lagerkarteikarte unter Zugänge
- Warenanforderungsschein vom Büfett für 1 Kiste Apfelsaft
- 1 Kiste Apfelsaft eintragen unter Abgänge in Lagerfach- und Lagerkarteikarte
- Warenausgabe an Büfett gegen Empfangsbestätigung
- Büfett gibt Apfelsaft gegen Bon an Servicepersonal für den Gast

Aufgaben

1. Ingrid hilft in der Patisserie und soll für das Frühstücksbüfett 60 Muffins backen. In der Patisserie befinden sich nur noch 2,5 kg Mehl und 500 g Zucker.

   Zutaten für 12 Muffins:
   - ²/₅ Pfd. Heidelbeeren (TK, Konserve, frisch)
   - ½ Pfd. Mehl
   - 2 TL Backpulver
   - 1 Prise Salz
   - 2 TL Zitronenschale
   - 2 Eier
   - ⅕ Pfd. weiche Butter
   - ⅙ Pfd. Zucker
   - 1 Pck. Vanillezucker
   - 150 g Schmant

   Herstellung:
   1. Frische Heidelbeeren waschen, abtropfen lassen, Konserven-Heidelbeeren abtropfen lassen. TK-Heidelbeeren unaufgetaut verwenden.
   2. Mehl, Backpulver sowie Salz mischen und sieben, Zitronenschale hinzufügen; Heidelbeeren dazugeben und vorsichtig vermischen.
   3. Eier, Butter, Zucker und Vanillezucker verquirlen, Schmant unterrühren.
   4. Mehlmischung zusetzen und mit einem Spatel schnell und gleichmäßig unterrühren.
   5. Teig in gefettete Förmchen füllen und bei 200 °C etwa 20 Minuten backen.

   a) Rechnen Sie das Rezept für 60 Muffins in kg um!
   b) Schreiben Sie für Ingrid eine Warenanforderung!

2. Aus der Patisserie werden folgende Waren angefordert:
   - 13¼ Pfd. Mehl
   - 7¾ Pfd. Butter
   - 4 Dtzd. Eier
   - 16½ Pfd. Zucker

   Nach der Warenausgabe an die Abteilung sollen Sie auf den Lagerkarteikarten die Abgänge verzeichnen.
   Wie viel kg Mehl, Butter und Zucker wurden ausgegeben und wie viele Eier?

3. Es wurde ein Büfett für 50 Personen bestellt. Der Abend soll mit einem Empfang beginnen, zu dem Whisky Sour angeboten wird.
Für einen Whisky Sour benötigt man 3 cl Whisky, 3 cl Zitronensaft, 2 cl Läuterzucker.

   a) Berechnen Sie die benötigte Menge für 50 Personen!
   b) Wie viel Flaschen zu 0,75 l Whisky und wie viel Liter Zitronensaft und Läuterzucker müssen Sie anfordern?
   c) 1 l Whisky kostet 14,10 €, und 0,75 l Zitronensaft kosten 0,90 €.
      Der Läuterzucker hat einen Materialwert von 0,45 €.
      Mit wie viel € muss die Abteilung Bar nach der Warenausgabe belastet werden?

4. Für eine Tagung mit 85 Personen wird am Tag vor Beginn der Veranstaltung der Tagungsraum vorbereitet. Pro Person werden bereitgestellt: 2 Flaschen Mineralwasser, 1 Flasche stilles Wasser, 1 Flasche Apfelsaft, 1 Flasche Johannisbeersaft, 5 abgepackte Schokoladentäfelchen und 9 Zitronenbonbons.
An Büromaterial bekommt jede Person: 3 Bleistifte, 25 Blatt Notizpapier, 1 Textmarker und 2 Kugelschreiber mit Hotel-Logo.
Erstellen Sie eine Warenanforderung!

5. Den Tagungsteilnehmern aus Aufgabe 4. wird am ersten Tag folgendes Mittagessen serviert:
Brokkolicremesuppe, Putensteak natur mit Chinagemüse und Reis, rote Grütze mit Sahne.
Pro Person rechnet man 260 g Brokkoli (frisch, ungeputzt), 160 g Putensteak (TK, küchenfertig), 50 g Reis, 100 g rote Grütze (in Dosen), 5 cl flüssige Sahne.

   a) Berechnen Sie die benötigte Menge für 85 Personen!
   b) Füllen Sie einen Warenanforderungsschein aus!
   c) Was muss beim Verteilen der Waren an die Küche beachtet werden?

8 Magazinverwaltung

In der Magazinverwaltung werden Warendateien geführt, Belege gesammelt und Schriftverkehr verwaltet. Hier werden Warenverbrauch und Warenfluss kontrolliert und die erforderlichen Verzeichnisse geführt. Es werden Bestandskontrollen (Inventuren) organisiert und überwacht. Durch Berechnung der Lagerkennzahlen wird die Wirtschaftlichkeit des Lagers überprüft.

Es ist wichtig, über die notwendigen Arbeiten der Verwaltung Bescheid zu wissen, um ein Lager wirtschaftlich zu organisieren und die Betriebskosten niedrig zu halten.

8.1 Warendateien

Hier wird über die Waren „Buch geführt":

- Wareneingangsbuch bzw. Wareneingangsdatei
- Lagerfachkarte
- Lagerkarteikarte bzw. Lagerdatei
- Warenanforderungsschein

Wareneingangsbuch

Der Eingang neuer Ware wird im Wareneingangsbuch verzeichnet. Es unterliegt der Buchführungspflicht, ersatzweise darf eine Wareneingangsdatei im Computer geführt werden. Es werden alle Waren, die zum Weiterverkauf bestimmt sind, mit Warenart, Lieferdatum, Lieferer, Menge und Preis aufgelistet. Der Rechnungsbetrag sowie Rabatt, Skonto und Mehrwertsteuer werden ebenfalls notiert. Die Daten im Wareneingangsbuch bilden die **Grundlage** für die **Kalkulation** der späteren Verkaufspreise.

Lagerfachkarte

Die Lagerfachkarte dient dazu, die Warenbestände zu erfassen. Sie ist direkt **bei der Ware** am Lagerfach angebracht. Es ist keine äußere Form vorgeschrieben. Ihr Einsatz ist heute nicht mehr verbreitet. Eine Ausnahme bilden alte und teure Weine. Auf der Lagerfachkarte werden Artikel, Datum von Zu- oder Abgang und Sollbestand verzeichnet. Der Reserve- und der Meldebestand können zusätzlich aufgeführt werden.

Artikel: **Rotwein, Marqués de Murrieta Rioja, Gran Reserva 1978, 0,75 l**

Lieferant: **Weinland Kieler**

Datum	Zugang	Abgang	Bestand
01. 01.			56
10. 01.		2	54
15. 01.		1	53
17. 02.		2	51
25. 02.		1	50
22. 03.		3	47

Artikel: Cocktailkirschen im Glas

Preis, netto: **0,75 EUR**

Lieferant: **Fa. Ziegler** Lieferzeit: **2 Tage**

Reservebestand: 5 Gläser   Meldebestand: 8 Gläser   Bestellmenge: 20 Gläser

Datum	Verbraucher	Zugang	Abgang	Bestand	Preis gesamt €
01.04.				14 Gläser	10,50
03.04.	Bar		2 Gläser	12 Gläser	8,50
06.04.	Patisserie		3 Gläser	9 Gläser	6,75
07.04.	Küche		1 Glas	8 Gläser	6,00
08.04.	Bar		2 Gläser	6 Gläser	4,50
09.04.		20 Gläser		26 Gläser	19,50
11.04.	Patisserie		3 Gläser	23 Gläser	17,25
12.04.	Küche		1 Glas	22 Gläser	16,50
12.04.	Bruch		2 Gläser	20 Gläser	16,50

Lagerkarteikarte

Die Lagerkarteikarte dient ebenfalls dazu, Warenbestandsveränderungen zu erfassen, auch sie ist an keine äußere Form gebunden. Mit ihr werden Zu- und Abgänge überwacht. Sie wird **im Büro** geführt. Ersatzweise ist heute die Speicherung in einer Lagerdatei üblich. Auf der Lagerkarteikarte werden Artikel, Lieferant, Lieferbedingungen, Lagerkennzahlen, Nettopreis, Datum von Zu- oder Abgang, Abteilung, Wert und Sollbestand eingetragen.

Warenanforderungsschein

Der Warenanforderungsschein ist wie eine **„Quittung"** zur Ausgabe von Waren vom Magazin an die einzelnen Abteilungen. Die ausgegebenen Waren werden auf Lagerfach- und Lagerkarteikarten bzw. in der Lagerdatei unter „Abgänge" verzeichnet. Die Warenanforderungsscheine bilden die Grundlage, um den **Warenverbrauch** der einzelnen **Abteilungen** zu berechnen.

Elektronische Lagerverwaltung

Die Buchführung über die Waren kann außer manuell auch elektronisch organisiert werden. Jeder Betrieb muss individuell prüfen, ob die elektronische Lagerverwaltung per EDV-Anlage wirtschaftlich ist. Im Magazin kann damit sehr viel Zeit gespart werden. Warenzu- und -abgänge werden direkt eingegeben, daraus erfolgen automatische Bestellungen. Es können Inventurlisten ausgedruckt werden, Lagerkennzahlenberechnungen sind schnell möglich, der Wareneinsatz und -verbrauch ist per Mausklick abrufbar. Viele Betriebe arbeiten mit einem internen Netzwerk, so dass Daten an allen Stationen eingegeben werden und für die zuständigen Personen zur Bearbeitung zur Verfügung stehen.

Lieferantenkartei

Informationen über Waren und ihre Beschaffung werden in einer Lieferantenkartei gesammelt. Sie wird aus praktischen Gründen geführt. Sie ist nicht gesetzlich vorgeschrieben, an keine äußere Form gebunden und hat nichts mit der Buchführung zu tun. In ihr werden Bezugsadressen, Liefer- und Zahlungsbedingungen der Lieferanten und Ersatzlieferanten gesammelt. Sie kann alphabetisch nach Artikeln geordnet werden.

8.2 Prüfen der Lagerbestände

Der Bestand an Waren im Magazin wird regelmäßig überprüft. Mithilfe der Schriftstücke, die den Warenfluss nachweisen, werden die Bestände kontrolliert.
Durch Zählen, Messen oder Wiegen der Waren wird verglichen, ob der **Sollbestand** in der Lagerkartei mit dem **Istbestand im Regal** übereinstimmt.

Diese Bestandsaufnahme der Waren wird **Inventur** genannt. Jeder Betrieb ist gesetzlich verpflichtet, mindestens einmal pro Jahr zum Ende eines Geschäftsjahres eine Inventur durchzuführen, sie wird auch „Stichtagsinventur" genannt. Durch eine Inventur wird festgestellt, welches „Vermögen" in einem Betrieb vorhanden ist.

In der Gastronomie ist es üblich, dass die Bestände außerdem monatlich kontrolliert werden. Durch eine Monatskontrolle werden Verluste durch Lagerung, Verderb, Diebstahl usw. schneller aufgedeckt, und die Berechnungen des Warenverbrauchs sind genauer.

Wenn alle Bestandsveränderungen der Waren mit den entsprechenden Belegen ständig elektronisch erfasst werden, findet eine **„permanente Inventur"** statt. Bei großen Datenmengen ist die Speicherung in einer elektronischen Warendatei hilfreich. Die Software-Programme für die Warenwirtschaft ermöglichen außerdem jederzeit den Zugriff auf Informationen zum Warenverbrauch und die Lagerkennziffern.

Bei einer jährlichen oder monatlichen Inventur wird der Verbrauch einer Ware wie folgt ermittelt:

Anfangsbestand in Stück, Kilogramm, Liter usw. ⟶ (Anfang des Jahres / Anfang des Monats)
+ Warenzugänge (neue Bestellungen)
= Bestand der Ware
− Endbestand in Stück, Kilogramm, Liter ⟶ (Ende des Jahres / Ende des Monats)
= Verbrauch der Ware (inkl. Verlust)

8.3 Lagerkennzahlen

Kennzahlen werden berechnet, um die Wirtschaftlichkeit einer Abteilung oder des gesamten Betriebs zu prüfen. Es gibt auch Kennzahlen für die Auslastung und den Verkauf im Verpflegungs- und Beherbergungsbereich oder ökologische Kennziffern, mit denen u. a. der Energie- und Wasserverbrauch geprüft werden.

Um die Wirtschaftlichkeit des Magazins zu prüfen, werden Lagerkennzahlen berechnet.
Das sind die Zahlen und Werte, die über Kosten und Gewinne Aufschluss geben.
Je mehr Ware gelagert wird, desto höher sind die Lagerkosten, gleichzeitig muss immer genügend Ware vorhanden sein, damit es keine Störungen im Betriebsablauf gibt.

Um die richtige Lagermenge für die einzelnen Waren zu bestimmen, nutzt man die Kennzahlen zur Berechnung von
- durchschnittlichem Lagerbestand
- Warenumschlag (heißt auch Umschlagshäufigkeit)
- Lagerdauer
- Meldebestand (heißt auch Bestellbestand)
- Reservebestand (heißt auch Mindestbestand)
- Höchstbestand

8.3.1 Durchschnittlicher Lagerbestand

Der durchschnittliche Lagerbestand gibt an, wie viel einer Ware sich durchschnittlich im Lager befindet. Er soll so niedrig wie möglich gehalten werden, ohne den Betriebsablauf zu gefährden.

Berechnung:

Um den durchschnittlichen Lagerbestand zu ermitteln, wird die Summe aller Inventuren innerhalb eines Jahres durch die Anzahl der Inventuren geteilt.

$$\frac{\text{Jahresanfangsbestand + Jahresendbestand}}{2} = \text{durchschnittlicher Lagerbestand}$$

Beispiel:

Am 1.1. befinden sich 67 Flaschen Dornfelder im Weinkeller. Am 31.12. des gleichen Jahres werden 55 Flaschen gezählt.

$$\frac{67 \text{ Flaschen} + 55 \text{ Flaschen}}{2} = \frac{122 \text{ Flaschen}}{2} = 61 \text{ Flaschen Dornfelder}$$

61 Flaschen Dornfelder sind durchschnittlich im Weinkeller vorhanden.

Es gibt eine weitere Formel zur Berechnung, die genauer ist, weil mit monatlichen Werten gerechnet wird.

Berechnung:

$$\frac{\text{Jahresanfangsbestand + 12 Monatsinventuren}}{13} = \text{durchschnittlicher Lagerbestand}$$

Beispiel:

$$\frac{16 \text{ Dosen Tomatenmark} + 283 \text{ Dosen}}{13} = \frac{299 \text{ Dosen}}{13} = 23 \text{ Dosen Tomatenmark}$$

Es sind durchschnittlich 23 Dosen Tomatenmark im Lager.

8.3.2 Warenumschlag

Die Kennziffer Warenumschlag (oder Umschlagshäufigkeit) gibt Auskunft über Umfang und Lagerdauer der Vorräte. Je schneller der Warenumschlag, umso geringer ist die durch die Vorräte bedingte Kapitalbindung.
Der Warenumschlag kann getrennt nach Bereichen, z. B. Lebensmittel oder Getränke, oder für einzelne Waren berechnet werden.

Berechnung:

$$\frac{\text{Warenkosten im Jahr}}{\text{durchschnittlicher Lagerbestand}} = \text{Warenumschlag}$$

„Warenkosten" sind Einstandspreise (d.h. ohne MwSt. jedoch inkl. Transport- und Verpackungskosten).

„Durchschnittlicher Lagerbestand" ist die Summe aller Inventuren innerhalb eines Jahres, geteilt durch die Anzahl der durchgeführten Inventuren.

Beispiel:

$$\frac{120\,000\,€}{8\,000\,€} = 15$$

Der Warenumschlag fand 15-mal statt, das bedeutet, dass das Lager mit der entsprechenden Warengruppe, deren Warenkosten zugrunde lagen, theoretisch 15-mal geleert und gefüllt wurde.

8.3.3 Durchschnittliche Lagerdauer

Aus der durchschnittlichen Lagerdauer lässt sich erkennen, wie viele Tage sich diese Ware, für die bereits der Warenumschlag berechnet wurde, im Lager befand.

Berechnung:

$$\frac{360 \text{ (Tage des Jahres)}}{\text{Warenumschlag}} = \frac{360 \text{ Tage}}{15}$$

$= 24$ Tage

8.3.4 Reservebestand

Von jeder Ware sollte immer ein Reservebestand vorhanden sein, der nicht verbraucht wird. Der ist notwendig, damit der Betrieb reibungslos funktioniert und die jeweiligen Leistungen jederzeit angeboten werden können. Der Mindest- oder Reservebestand wird aufgrund von Erfahrungswerten festgelegt.

8.3.5 Meldebestand

Der Meldebestand gibt an, wann neue Ware bestellt (daher auch Bestellbestand) werden muss. Er ergibt sich aus der Beziehung zwischen dem Reservebestand und der Lieferzeit für die neue Ware. Er ist außerdem abhängig von der Verpackungseinheit (z. B. 360 Eier im Karton).

Berechnung:

(Verbrauch pro Tag x Lieferzeit in Tagen)
+ Reservebestand
= Meldebestand

Beispiel:

Pro Tag werden 3 Gläser Konfitüre für das Frühstücksbüfett verbraucht. Der Höchstbestand im Lager sind 50 Gläser, der Reservebestand, der immer vorhanden sein sollte, beträgt 15 Gläser Konfitüre. Die Lieferzeit bei einer Bestellung beträgt 4 Tage, während der Lieferzeit werden 12 Gläser verbraucht.

(3 Gläser x 4 Tage) + 15 Gläser = 27 Gläser

Wenn der Bestand auf 27 Gläser heruntergegangen ist, muss eine neue Bestellung gemeldet werden. Der Meldebestand beträgt also 27 Gläser.

Sägezahnkurve

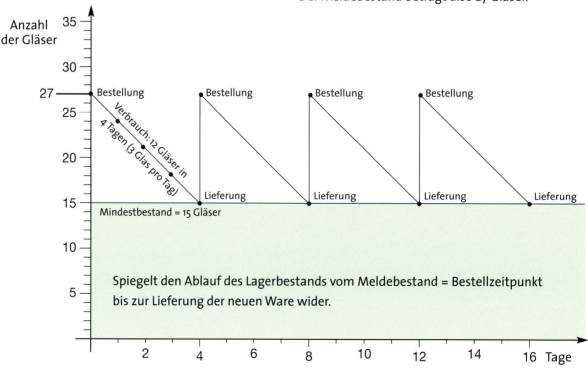

8.3.6 Höchstbestand

Der Höchstbestand einer Ware ist von den Lagermöglichkeiten abhängig. Bei Kühl- und Tiefkühlware sind die Lagerkapazitäten durch die Größe der Kühlräume vorgegeben. Hier ist es vorteilhaft, öfter kleinere Mengen zu bestellen.

Der Höchstbestand sollte nur in besonderen Situationen (z. B. Festveranstaltung) überschritten werden, um die Lagerkosten nicht unnötig zu steigern und Verluste wegen möglicher Überalterung zu verhindern.

Aufgaben

1. Welche Faktoren beeinflussen den Meldebestand?

2. Es wurden 150 Flaschen Tafelwein „Villa Pistoria" geliefert. Versehentlich wurden in der Lagerbuchhaltung 115 Flaschen Zugang eingetragen. Wie wirkt sich dieser Fehler aus?

3. Bei der letzten Analyse der Lagerkosten stellten Sie fest, dass im letzten Quartal häufiger Milchprodukte verdarben, obwohl sie fachgerecht gelagert wurden.
   Durch welche Maßnahme können Sie dieses Risiko einschränken?
   Welche Bestandsmenge kann verringert oder erhöht werden?

4. Erstellen Sie eine „Mini-Lieferantenkartei" für 5 Artikel aus Ihrem Ausbildungsbetrieb von verschiedenen Lieferanten!

5. a) Beschreiben Sie, auf welche Arten eine Inventur vorgenommen werden kann!
   b) Finden Sie heraus, auf welche Art und Weise in Ihrem Ausbildungsbetrieb die Bestandskontrollen vorgenommen werden, und beschreiben Sie dies ausführlich!

6. Im Getränkelager befinden sich am Monatsersten 138 Flaschen Pils und 69 Flaschen Weizen. Laut Warenanforderungsscheinen wurden bis zum 12. des Monats folgende Mengen ausgegeben:
   4 Flaschen Pils, 1 Flasche Weizen; 12 Flaschen Pils, 36 Flaschen Weizen; 6 Flaschen Weizen;
   Zugang am 13. des Monats: 192 Flaschen Pils und 100 Flaschen Weizen.
   Wie viele Flaschen Bier weist das Lager nach dem Zugang insgesamt auf?

Aufgaben

7. Der Lagerbestand am Monatsanfang betrug 156 Flaschen Chardonnay, trocken.
   Während des Monats wurden folgende Mengen ausgegeben:
   15 Flaschen an Bar, 5 Flaschen an privat, 2 Flaschen an Küche, 58 Flaschen an Büfett.
   Am Monatsende wird der Istbestand mit 69 Flaschen festgestellt.
   Wie hoch ist der Verlust durch Diebstahl, wenn 1 Flasche als Bruch verzeichnet wurde?

8. Der Verbrauch der Waren wird geprüft.

	Anfangsbestand	Endbestand	Preis pro kg
Zucker	17 ¾ kg	11 ¼ kg	0,58 €
Bohnen	5 ½ kg	1,350 kg	6,20 €
Mehl	14 ⅔ kg	6,230 kg	0,65 €
Gelbe Linsen	3 ⅖ kg	1,490 kg	4,70 €
Salz	17 ⁸⁄₉ kg	5,750 kg	0,80 €

   a) Wie viel kg der Waren wurde jeweils verbraucht?
   b) Wie hoch ist der jeweilige durchschnittliche Lagerbestand in kg?
   c) Wie hoch ist der durchschnittliche Lagerbestand jeweils in €?

9. Am Anfang des Jahres befinden sich 760 Flaschen Wein im Weinkeller.
   Am Ende des Jahres werden noch 420 Flaschen gezählt.
   Wie hoch ist der durchschnittliche Lagerbestand?

10. Bei der Inventur am Anfang des Jahres befinden sich 55 Beutel Tiefkühlgemüse
    im Tiefkühlraum. Am Jahresende werden 63 Beutel gezählt.
    Wie hoch ist der durchschnittliche Lagerbestand?

11. Berechnen Sie den durchschnittlichen Lagerbestand, den Warenumschlag
    und die durchschnittliche Lagerdauer!

Jahresanfangsbestand:	12 500 €
Jahresendbestand:	6 250 €
Warenkosten:	138 490 €

12. Es liegen folgende Zahlen vor:

Jahresanfangsbestand:	9 170 €
Warenkosten im Jahr:	188 390 €
Summe der 12 Monatsinventuren	128 050 €

    Berechnen Sie den durchschnittlichen Lagerbestand, den Warenumschlag
    und die durchschnittliche Lagerdauer!

13. Bei der Bestandsaufnahme am Anfang des Jahres wird ermittelt, dass Reis im Wert von 94 € lagert. Am Jahresende beträgt der Wert des Lagerbestands 42 €.
Pro Tag werden 2,5 kg Reis zu 2,80 €/kg verbraucht. Das Restaurant ist ganzjährig geöffnet.
Berechnen Sie den durchschnittlichen Lagerbestand, Warenumschlag und die durchschnittliche Lagerdauer!

14. Es werden jeden Tag 3 große Dosen Tomatenmark à 2,65 € verbraucht. Der Betrieb ist das ganze Jahr geöffnet (360 Tage). Am Anfang des Jahres waren 12 Dosen Tomatenmark im Lager und am Jahresende 9 Dosen.
Berechnen Sie den durchschnittlichen Lagerbestand, Warenumschlag und die Lagerdauer!

15. In der Bar werden jeden Tag 2 Liter Campari zu 11,20 € pro Flasche (0,75 Liter) verbraucht. Bei der Inventur am Anfang des Jahres gab es einen Bestand von 45 Litern.
Am Ende des Jahres wurde ein Bestand von 75 Litern festgestellt.
a) Berechnen Sie den Preis für 1 Liter Campari!
b) Berechnen Sie den durchschnittlichen Lagerbestand, Warenumschlag und die Lagerdauer!

16. Die Hotelleitung entschloss sich, aus hygienischen Gründen einen Kühlschrank ausschließlich zur Lagerung von frischen Hühnereiern anzuschaffen. In den Kühlschrank passen maximal 510 Eier.
Für das Frühstück werden pro Tag 50 Eier verbraucht; die warme Küche hat pro Tag einen Verbrauch von 27 Eiern, die Patisserie benötigt pro Woche 77 Eier der Güteklasse A extra, Größe M. Der Reservebestand beträgt 50 Eier, die Lieferzeit der Firma Eifix beträgt 1 Tag.
Berechnen Sie den Meldebestand!

17. Im Durchschnitt werden täglich 8 Flaschen Apfelsaft verkauft. Der Mindestbestand ist auf 30 Flaschen festgesetzt; die Lieferzeit beträgt 8 Tage.
Bei welchem Meldebestand muss eine Nachbestellung vorgenommen werden?

18. Für Sherry ist der Mindestbestand auf 12 Flaschen festgelegt. Durchschnittlich wird pro Tag 1 Flasche ausgeschenkt. Die Lieferzeit für den Sherry beträgt 7 Tage.
Wie hoch ist der Meldebestand?

19. Jeden Tag werden im Hotel 25 Portionspackungen mit Tee verbraucht. Der Mindestbestand im Lager ist mit 130 Packungen festgelegt. Der Tee hat eine Lieferzeit von 10 Tagen.
Der Lieferant bietet nun an, alle 7 Tage Tee zu liefern.
Wie hoch ist der neue Meldebestand?

20. Die Lieferzeit für Roséwein beträgt 12 Tage. Es werden pro Tag 6 Flaschen Roséwein verbraucht. Der Meldebestand für den Wein liegt bei 102 Flaschen. Die Lieferzeit wird nun auf 8 Tage verkürzt.
Wie hoch liegt der neue Meldebestand?

9 Kaufvertrag

In der Gastronomie werden täglich zahlreiche Kaufverträge geschlossen. Jeder Betrieb kauft Waren und Güter (Lebensmittel, Bedarfsgegenstände) und verkauft Dienstleistungen (Speisen und Getränke im Restaurant, Vermietung von Zimmern).

Das Kennen der Rechte und Pflichten, die aus einem Kaufvertrag als Käufer oder als Verkäufer erwachsen, ist ein wichtiges Fundament für die Arbeit im Hotelgewerbe. Daher ist es unerlässlich, über die entsprechenden Gesetze und die Möglichkeiten zur Vertragserfüllung bei mangelhafter Leistung Bescheid zu wissen.

Die Mitarbeiter im Magazin müssen gute Kenntnisse über das Kaufvertragsrecht haben. Es müssen qualitativ einwandfreie Waren bestellt und gekauft werden, denn nur sie bieten die Grundlage für einen erfolgreichen Verkauf von Leistungen aus Küche und Keller und tragen so zur Qualitätssicherung im Betrieb bei.

9.1 Rechtliche Grundlagen

Der Kaufvertrag ist ein Rechtsgeschäft. Die rechtlichen Grundlagen für Kaufverträge finden sich im BGB (Bürgerliches Gesetzbuch, §§ 433–514) und im HGB (Handelsgesetzbuch).

Sind beide Vertragspartner Privatleute (= Bürger), wird von einem „Bürgerlichen Kauf" gesprochen; dann ist nur das BGB bindend. Diese Art von Verträgen kommt im Gastgewerbe nicht vor.

Sind beide Vertragspartner Kaufleute, ist es ein „zweiseitiger Handelskauf"; es gelten die Paragraphen aus BGB und HGB. Ein Kaufvertrag, der zwischen Wirt und Lieferant geschlossen wird, fällt in diese Kategorie.

Wird ein Vertrag zwischen einem Kaufmann und einer Privatperson geschlossen, gelten für den Kaufmann die Bestimmungen aus dem HGB und für die Privatperson aus dem BGB. Diese Art von Vertrag wird zwischen Gast und Wirt im Restaurant geschlossen.

Der Bewirtungs- und der Beherbergungsvertrag sind Unterarten des Kaufvertrags.

9.2 Willenserklärungen

Ein Kaufvertrag kommt durch zwei übereinstimmende Willenserklärungen der Vertragspartner zustande. Mit einer Willenserklärung macht jemand einen Entschluss deutlich. Das geschieht durch eine mündliche oder schriftliche Äußerung; eine Handlung wie Kopfnicken, Kopfschütteln oder Zeigen auf eine Ware.

Ausnahme:

Auch „Schweigen" kann als Willenserklärung gedeutet werden; allerdings nur unter Kaufleuten, die bereits eine regelmäßige Handelsbeziehung miteinander unterhalten.

Als Willenserklärungen gelten:
1. **Antrag** auf die Annahme eines Kaufvertrags (der „Antrag" ist die als Erstes abgegebene Willenserklärung)
2. **Annahme** des Antrags auf den Kaufvertrag (die „Annahme" ist die zweite Willenserklärung, die Zustimmung zum Vertrag)

Ein Kaufvertrag ist nur gültig, wenn die Willenserklärungen der Vertragspartner **übereinstimmen**.

Durch die Abgabe der übereinstimmenden Willenserklärungen kommt nun ein Kaufvertrag zustande. Daraus ergibt sich zunächst das „Verpflichtungsgeschäft" (§ 433 BGB). Das bedeutet, dass die Vertragspartner sich verpflichten, den zwischen ihnen geschlossenen Vertrag zu erfüllen.

- Der Verkäufer muss die fehlerfreie Ware ordnungsgemäß und wie vereinbart liefern und den Kaufpreis annehmen (§ 459 BGB).
- Der Käufer muss die Ware annehmen, prüfen und bezahlen (§ 929 BGB).

Die tatsächliche Erfüllung des Vertrags durch beide Partner wird als „Erfüllungsgeschäft" bezeichnet (§ 929 BGB).

9.3 Entstehen eines Kaufvertrags

Ein Kaufvertrag kann auf zwei Arten zustande kommen.

1. **Der Antrag geht vom Verkäufer aus:**
   Er unterbreitet dem Käufer ein Angebot. Dem Käufer gefällt das Angebot, und er nimmt es durch seine Bestellung an.
   Angebot und Bestellung sind hier zwei übereinstimmende Willenserklärungen.

Beispiel:

Auf eine telefonische Anfrage erhält der Food-and-Beverage-Manager des Hotels „Wien" ein Angebot des Weingutes Walker über Winzersekt. Er bestellt zu den aufgelisteten Konditionen 250 Flaschen.

2. **Der Antrag geht vom Käufer aus:**
   Er bestellt ohne vorausgegangenes Angebot beim Verkäufer; der Verkäufer bestätigt die Bestellung mit einer Auftragsbestätigung.
   Bestellung und Auftragsbestätigung sind hier zwei übereinstimmende Willenserklärungen.

Beispiel:

Der Küchenchef des Restaurants „Zum Schwarzen Wal" bestellt beim Gemüsehändler Larsen 5 kg frische Pfifferlinge für den folgenden Tag. Der Gemüsehändler schickt per Fax eine Auftragsbestätigung.

Ausnahme:

Wenn zwei Handelspartner schon eine dauernde Geschäftsbeziehung haben, z. B. feste Lieferanten für Gemüse, gilt auch Stillschweigen als Annahme des Kaufvertrags. In anderen Fällen ist Stillschweigen als Ablehnung des Vertrags zu werten.

Beziehung zwischen Käufer und Verkäufer beim Abschluss eines Kaufvertrags

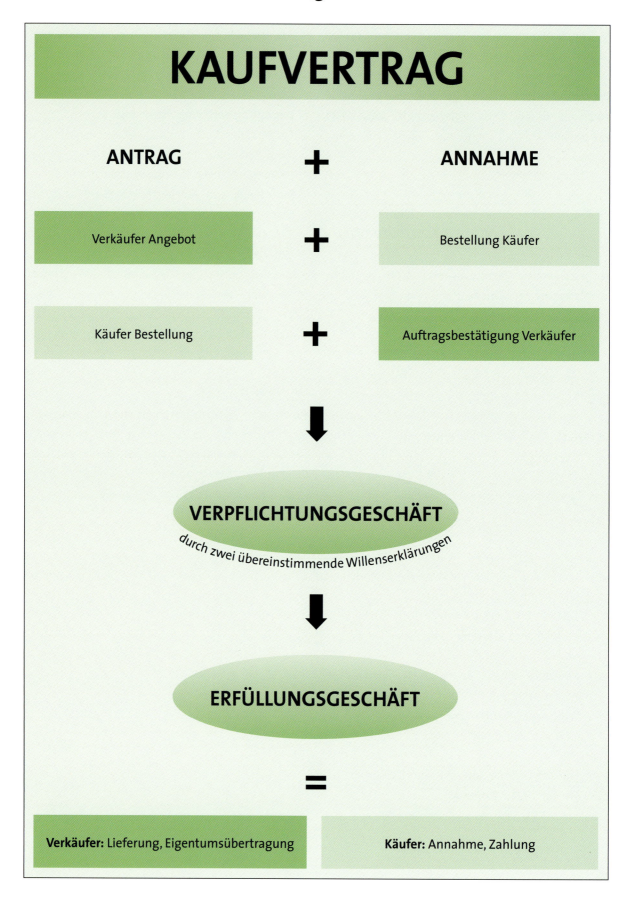

9.4 Anfrage

Eine Anfrage ist an keine bestimmte Form gebunden. Eine „allgemeine Anfrage" unterscheidet sich von einer „bestimmten Anfrage".

Eine **allgemeine Anfrage** ist z. B. die Bitte um die Zusendung von Prospekten, Katalogen oder Preislisten oder die Bitte um einen Vertreterbesuch. Die allgemeine Anfrage dient dem Käufer zur Information.

Eine **bestimmte Anfrage** ist die Bitte um ein verbindliches Angebot zu einer Ware, ihren Liefer- und Zahlungsbedingungen. Der Käufer hat feste Vorstellungen davon, was er bestellen will, und möchte genaue Angaben.

Anfragen sind rechtlich unverbindlich und kein rechtlicher Bestandteil des Kaufvertrags. Über Anfragen gibt es keine gesetzlichen Bestimmungen.

9.5 Angebot

Ein Angebot ist eine Willenserklärung des Verkäufers. Als Grundlage für den Abschluss eines Kaufvertrags muss es an eine bestimmte Person oder eine bestimmte Personengruppe (z. B. in einem Betrieb) gerichtet sein.

Unter einem Angebot ist nicht das zu verstehen, was aus dem täglichen Sprachgebrauch bekannt ist. „Sonderangebote", die sich an zahlreiche Personen richten, z. B. durch Postwurfsendungen verteilt, sind rechtlich gesehen keine „Angebote".

Man unterscheidet ein „unverlangtes" von einem „verlangten" Angebot:
Ging keine Anfrage vom Käufer voraus, der Verkäufer sendet aber ein Angebot, ist es ein **unverlangtes Angebot.**
Ging eine bestimmte Anfrage vom Käufer voraus, ist es ein **verlangtes Angebot.**

Wichtige Angaben, die in einem Angebot enthalten sind:

- Adressat (an wen ist das Angebot gerichtet?)
- Angaben über Gültigkeitsdauer des Angebots
- Art und Beschaffenheit der Ware (Jahrgang, Handelsklasse, Artikelnummer, Farbe usw.)
- Menge (Stückzahl, Gewichte, Einheiten)
- Preis (Bruttopreis inkl. Mehrwertsteuer)
- Rabatte und Preisnachlässe (Mengenrabatt, Treuerabatt, Skonto)
- Verpackungs- und Transportkosten (Porto, Fracht, Rollgeld)
- Transportbedingungen (ab Werk, ab Lager, frei Haus usw.)
- Lieferzeit
- Zahlungsbedingungen (Vorauszahlung, gegen Nachnahme, bar, Überweisung usw.)
- Bestimmungen zur Eigentumsübertragung
- Erfüllungsort und Gerichtsstand

Die Kosten für die Verpackung der Ware (Dose, Folie, Karton) müssen im Preis enthalten sein. Über die Kosten der Transportverpackung (Paletten, Kisten) und die Transportkosten (Rollgeld, Fracht, Porto) werden Vereinbarungen zwischen Verkäufer und Käufer getroffen.

Die genaue Menge der Ware darf nach den rechtlichen Bestimmungen in einem Angebot fehlen.

Wenn über die Beschaffenheit und Güte einer Ware nichts vereinbart wurde, muss eine Sache mittlerer Qualität geliefert werden.

Beispiel für ein Angebot

Firma Lemara | Robichonstr. 17 | 74254 Saarbrücken   25.06.

Restaurant „Chez François"
Frau Markwitz (Abteilung Einkauf)
Malerstr. 98

80025 München

Angebot über Fisch-Service aus der Serie „Meeresfrüchte"

Sehr geehrte Frau Markwitz,
wir bedanken uns für Ihre Anfrage per Fax vom 23.06. Sie baten um Preise und Lieferbedingungen für einige Artikel aus unserer Geschirrserie „Meeresfrüchte".

Die folgenden Preise sind bis zum 31.12. gültig und verstehen sich als Endpreise inkl. MwSt. Alle aufgeführten Artikel sind aus weißem Porzellan mit Verzierungen in Form verschiedener Schal- und Krustentiere. Im beigelegten Prospekt finden Sie Abbildungen der gewünschten Serviceteile.

Artikel	Maß	Art.-Nr.	Farbe	Einheit	Preis
Fischteller	29 cm	Art.-Nr. 0985	weiß	pro Stück	8,40 €
Fischsuppenteller, tief	23 cm	Art.-Nr. 0986	weiß	pro Stück	9,60 €
Grätenteller	20 cm	Art.-Nr. 0982	weiß	pro Stück	4,35 €
Buttersauciere	0,12 l	Art.-Nr. 0988	weiß	pro Stück	8,15 €
Stövchen für Buttersauciere	15 cm	Art.-Nr. 0984	weiß	pro Stück	14,20 €
Sauciere	0,28 l	Art.-Nr. 0987	weiß	pro Stück	12,00 €
Fischplatte	38 cm	Art.-Nr. 0981	weiß	pro Stück	20,90 €
Schale	22 cm	Art.-Nr. 0983	weiß	pro Stück	10,50 €
Schale	12 cm	Art.-Nr. 0982	weiß	pro Stück	9,85 €

Bei einer Abnahme von mindestens 100 Stück pro Artikel räumen wir Ihnen einen Mengenrabatt von 5 % ein.

Die Lieferung erfolgt 21 Tage nach Eingang Ihrer Bestellung bei uns. Die gewünschten Artikel werden bruchsicher in Transportkisten verpackt, die unser Eigentum bleiben. Wir liefern frei Haus.
Die Ware ist erst nach Erhalt der Rechnung von Ihnen zu bezahlen.

Gerne senden wir Ihnen zur Probe je einen Fischsuppen-, Fisch- und Grätenteller, damit Sie das Service testen können. Wir hoffen sehr, dass Ihnen unser Angebot zusagt, und freuen uns auf eine Bestellung.

Mit freundlichen Grüßen

Frank Blattner

Anlage
1 Prospekt

Erfüllungsort und Gerichtsstand in Saarbrücken.

Bankverbindungen: Sparkasse Saarbrücken, Konto-Nr. 000000100, BLZ 918 000 61

9.5.1 Erklärungen zu Begriffen in Angeboten und Bestellungen

Was ist ... ?

Erfüllungsort

Am „Erfüllungsort" muss der jeweilige Vertragspartner seinen Anteil am Vertrag „erfüllen".
Der Verkäufer schuldet an diesem Ort die Übergabe der Ware; der Käufer trägt ab dort die Transport- und Lieferkosten, und das Risiko auf Beschädigung der Ware wechselt hier vom Verkäufer an den Käufer.
Der Käufer schuldet am Erfüllungsort die Zahlung. Wenn keine andere Vereinbarung getroffen wurde, ist der Erfüllungsort zur Übergabe der Ware der Ort des Verkäufers und für die Zahlung der Sitz des Käufers.

Gerichtsstand

Der Gerichtsstand bestimmt, an welchem Ort gegen einen Vertragspartner zu klagen ist. Dort werden eventuelle Streitigkeiten, die sich aus dem Erfüllungsgeschäft des Vertrags ergeben, entschieden. Der Käufer klagt auf Lieferung am Ort des Verkäufers, und der Verkäufer klagt auf Zahlung am Ort des Käufers.
Der Erfüllungsort ist gleichzeitig der Gerichtsstand, wenn nichts anderes vereinbart wurde.

Skonto

Skonto ist ein Preisnachlass für die Zahlung der Rechnung innerhalb einer vom Verkäufer bestimmten Frist. Die schnelle Bezahlung der Rechnung wird damit „belohnt".

Mengenrabatt

Ein Mengenrabatt kann gewährt werden, wenn der Käufer eine große Menge eines Artikels abnimmt.

Treuerabatt

Ein Treuerabatt kann einem Kunden eingeräumt werden, wenn er eine langfristige Geschäftsbeziehung zu einem Lieferanten hat (seinem Lieferanten „treu" ist).

Netto

Der „Nettopreis" ist der Preis für eine Ware oder eine Dienstleistung, bevor Zuschläge und MwSt. hinzuaddiert werden.

Brutto

Ein „Bruttopreis" ist der Endpreis, in ihm sind alle Zuschläge und die MwSt. enthalten.

Rollgeld

Als „Rollgeld" werden die Transportkosten vom Werk (bzw. Lager, Fabrik) des Verkäufers bis zum Bahnhof des Verkäufers und die Transportkosten vom Bahnhof des Käufers bis zum Haus des Käufers bezeichnet.

Fracht

„Fracht" sind die Transportkosten zwischen den Bahnhöfen von Verkäufer und Käufer.

ab Werk / ab Lager / ab Fabrik

Der Käufer bezahlt die gesamten Transportkosten.

unfrei

Der Käufer bezahlt die Transportkosten ab dem Bahnhof des Verkäufers.

frachtfrei

Der Käufer bezahlt die Transportkosten von seinem Bahnhof bis zu seinem Haus.

frei Haus

Der Verkäufer trägt die gesamten Transportkosten.

f.o.b.

f.o.b. = free on board
Der Verkäufer trägt die Kosten bis an Bord des Schiffes.

c.i.f.

c.i.f. = cost, insurance, freight
Der Verkäufer bezahlt die Versandkosten, die Versicherung und die Fracht.

c.f

c.f. = cost, freight
Der Verkäufer bezahlt die Versandkosten und die Fracht.

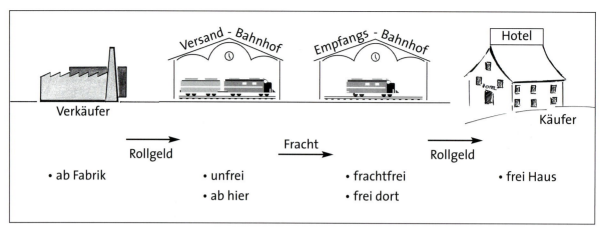

Darstellung der Transportkosten – Begriffe

9.6 Bestellung

Wenn auf ein verbindliches Angebot des Verkäufers eine Bestellung des Käufers folgt, kommt ein Kaufvertrag zustande (zwei übereinstimmende Willenserklärungen).

Die äußere Form der Bestellung ist nicht festgelegt; sie sollte am besten in schriftlicher Form (Fax, E-Mail, Brief) erfolgen, damit sie jederzeit nachgewiesen werden kann.

Die Bestellung muss die gleichen Angaben wie das Angebot enthalten.

Ändert der Besteller etwas ab, z. B. die Menge oder den Preis, gilt dieses als neue Anfrage.

■ unveränderte Bestellung auf ein Angebot ➡ ➡	Annahme des Kaufvertrags
■ abgeänderte Bestellung auf ein Angebot ➡ ➡	Antrag auf Annahme des Kaufvertrags
■ Bestellung ohne vorliegendes Angebot ➡ ➡	Antrag auf Annahme des Kaufvertrags

Bestellung

Restaurant „Chez François" 29.06
Frau Markwitz (Abteilung Einkauf)
Malerstr. 98
80025 München

An
Firma Lemara
Robichonstr. 17

74254 Saarbrücken

**Ihr schriftliches Angebot über Fisch-Service aus der Serie „Meeresfrüchte"
vom 25. 06.**

Sehr geehrte Damen und Herren,

wir bedanken uns für Ihr Angebot vom 25. 06. und bestellen folgende Artikel aus Ihrem Sortiment:

120	Fischteller	29 cm	Art.-Nr. 0985	weiß	pro Stück	8,40 €
120	Fischsuppenteller, tief	23 cm	Art.-Nr. 0986	weiß	pro Stück	9,60 €
60	Grätenteller	20 cm	Art.-Nr. 0982	weiß	pro Stück	4,35 €
30	Fischplatten	38 cm	Art.-Nr. 0981	weiß	pro Stück	20,90 €
30	Schalen	22 cm	Art.-Nr. 0983	weiß	pro Stück	10,50 €

Bitte liefern Sie innerhalb von 3 Wochen nach Eingang unserer Bestellung bei Ihnen.
Wie angeboten, erwarten wir die Lieferung der Ware frei Haus. Für die Fischteller und Fischsuppenteller nehmen wir den Mengenrabatt von 5 % in Anspruch, da wir mehr als 100 Stück pro Artikel abnehmen.

Wir freuen uns auf gute Geschäftsbeziehungen mit Ihnen.

Mit freundlichen Grüßen

R. Markwitz

Auftragsbestätigung

Florians Blumenservice   13.12.01
Fugenweg 12
21367 Filderstadt
Tel. + Fax (0 62 XX) XX 66

An
Restaurant „Palace"
Hauptstr. 57

21367 Filderstadt

Bestätigung Ihrer Bestellung vom 13.12.01 per Fax

Sehr geehrter Herr Dirkel,

wir bestätigen Ihnen gerne Ihre Bestellung von

25 Tischgestecken, weihnachtlich gestaltet, Farben: Blau und Gold à 6,20 €
2 großen weihnachtlichen Buketts in den üblichen Vasen für den Eingangsbereich à 18 €
1 winterlichen Geburtstagsstrauß für 12,70 €.

Wir danken Ihnen für Ihren Auftrag und werden wie gewohnt morgen liefern.

Mit freundlichen Grüßen

Tanja Florian

9.7 Auftragsbestätigung

Auf eine Bestellung folgt eine Auftragsbestätigung des Verkäufers. Eine Auftragsbestätigung muss gegeben werden, wenn das Angebot abgeändert wurde oder wenn ohne vorheriges Angebot bestellt wurde.
Wenn sie auf ein verbindliches Angebot (1. Willenserklärung) und daraus erfolgender Bestellung (2. Willenserklärung) geschrieben wird, hat sie keine rechtlichen Konsequenzen und ist freiwillig.

Für die Auftragsbestätigung ist keine äußere Form vorgeschrieben, am besten ist jedoch eine schriftliche Bestätigung der Bestellung.

Im Gastgewerbe werden **häufig Verträge** durch **Bestellung und Auftragsbestätigung** geschlossen. Das ist üblich, wenn mit einem Lieferanten schon eine vertraute Geschäftsbeziehung besteht. Die Preise und Lieferbedingungen sind bekannt, z. B. wenn regelmäßig bei demselben Floristen der Blumenschmuck oder bei demselben Winzer aus der Pfalz Weißwein bestellt wird.

9.8 Eigentumsübertragung

Wenn sich Verkäufer und Käufer einig geworden sind und einen Kaufvertrag geschlossen haben, müssen sie ihren Pflichten nachkommen (Erfüllungsgeschäft).
Der Verkäufer ist Eigentümer einer Ware und „übergibt" (liefert) diese an den Käufer.
Der Käufer wird aber erst Eigentümer dieser Ware, wenn er sie bezahlt hat.
Bis zur vollständigen Bezahlung bleibt der Verkäufer der Eigentümer der Ware (sie gehört ihm), auch wenn sie sich schon im Haus des Käufers befindet. Der Käufer hat die Ware in seinem Besitz und ist deswegen nur Besitzer der Ware, bis er sie bezahlt hat.

Einem Eigentümer gehört die Sache, ein Besitzer hat die Sache.

Der Eigentümer hat die rechtliche Gewalt über eine Sache. Wenn jemand Eigentümer und Besitzer einer Sache ist, wird das „Eigenbesitz" genannt.

9.9 Einige besondere Kaufverträge

Die rechtlichen Grundlagen für Kaufverträge zwischen Privatpersonen sind im BGB festgelegt. Für Verträge zwischen Kaufleuten ist zusätzlich das HGB bindend.

- **Bürgerlicher Kauf** (§§ 433 ff. BGB)
  Beide Vertragspartner sind Privatpersonen. Es gelten nur Vorschriften aus dem BGB.
  Diese Vertragsart kommt im Gastgewerbe nicht vor.

  Beispiel:

  Eine Privatperson verkauft einen gebrauchten Laserdrucker an eine andere Privatperson.

- **Einseitiger Handelskauf** (§§ 373 ff. HGB)
  Ein Vertragspartner ist im Sinne des HGB Kaufmann, einer ist Privatperson. Für den Kaufmann gelten die Paragraphen des HGB und für die Privatperson die des BGB.

  Beispiel:

  Ein Hotel verkauft die nach der Hygieneverordnung unzulässig gewordenen Holzregale aus dem Nährmittellager an eine Privatperson aus der Nachbarschaft.

- **Zweiseitiger Handelskauf** (§§ 343, 373 ff. HGB)
  Beide Vertragspartner sind Kaufleute, es gelten BGB und HGB.

  Beispiel:

  Ein Porzellanhersteller verkauft ein Service an ein Restaurant.

Fixkauf (§ 361 BGB / § 376 HGB)

Es wird ein Vertrag mit festem Lieferzeitpunkt geschlossen. Das kann vorteilhaft sein, wenn große Mengen zu einem festen Termin (z. B. Veranstaltung) gebraucht werden. So können Lagerkosten und -kapazität gespart werden. Der Käufer muss bei seiner Bestellung deutlich machen, dass die Ware zu einem bestimmten Zeitpunkt benötigt wird und eine spätere Lieferung zwecklos ist.

Formulierungen dazu sind z. B.:
„Wir bestellen die Ware zur Lieferung am 10. 04. 01, 10.00 Uhr genau."
„Liefern Sie zum 10. 04. 01 fix."
„Die Ware muss unbedingt am 10. 04. 01 in unseren Händen sein."

Wenn der Verkäufer nicht rechtzeitig liefert (und damit seinen Teil des Vertrags nicht erfüllt), kommt es zum Lieferungsverzug ohne notwendige Mahnung des Käufers.

Beispiel:

Für eine Kaffeetafel am 12. 02. 01 mit 120 Personen werden vom Konditor 5 Schwarzwälder Kirschtorten, 5 Marzipantorten und 2 Nusstorten für den 12. 02. 01, 14.30 Uhr fix, bestellt. Würden die Torten zu spät geliefert, hat der Wirt keine Verwendung mehr für sie.

Kauf zur Probe

Es wird nur eine kleine Menge des Artikels zur Ansicht oder zum Testen des Produkts gekauft. Der Käufer stellt die Abnahme einer größeren Menge in Aussicht, wenn ihm das Produkt gefällt.

Beispiel:

Für ein Restaurant soll neue Tischwäsche angeschafft werden. Der Einkäufer bestellt bei einem Händler, dessen Werbung ihm im Internet auffiel, 5 Tischdecken und stellt bei Gefallen eine Abnahme von 200 Stück in Aussicht.

Kauf nach Probe (§ 494 BGB)

Der Käufer bestellt die Ware, die so ausfallen soll wie ein Muster, das er bereits geprüft hat. Der Lieferer verpflichtet sich dazu, dass die Gesamtmenge der Ware genauso gut ausfällt wie das Muster.

Beispiel:

Für ein Hotel werden 250 neue türkisfarbene Handtücher bestellt. Vorher wurden 3 Musterhandtücher mehrmals gewaschen und getrocknet, um ihre Qualität und Farbechtheit zu prüfen. Die 250 Handtücher müssen die gleichen Eigenschaften wie die Musterhandtücher aufweisen.

Kauf auf Probe (§ 495 BGB, § 496 HGB)

Der Käufer kann nach Ansicht und Ausprobieren des Artikels diesen bei Nichtgefallen innerhalb einer bestimmten Frist zurückgeben. Wenn der Käufer innerhalb dieser Frist die Ware nicht zurückgibt oder sich nicht meldet, gilt sein Schweigen als Zustimmung. Nach Ablauf der Frist kann er die Ware nicht mehr zurückgeben.

Beispiel:

Ein Hotel kauft eine neue Reinigungsmaschine für den Fußboden. Mit dem Händler wurde ein Rückgaberecht von 7 Tagen vereinbart. Der Händler hört während dieser 7 Tage nichts vom Hotel. Damit ist der Kauf akzeptiert.

Kauf auf Abruf

Insgesamt wird eine große Menge eines Artikels bestellt, aber nicht vollständig geliefert. Die Ware kann nach Bedarf zur Lieferung abgerufen werden (z. B. bei zu geringer Lagerkapazität oder zur Einsparung von Lagerkosten). Es können große Menge bestellt und nach Bedarf in kleinen Mengen geliefert werden.

Beispiel:

Ein Restaurant hat keine optimale Möglichkeit zur Lagerung von Wein. Mit dem Weinhändler wurde ein Kaufvertrag über 420 Flaschen

„Châteauneuf du Pape" abgeschlossen. Der Weinhändler lagert den Wein in seinem Keller und liefert alle 2 Wochen die benötigte Menge an das Restaurant.

Zielkauf

Es wird eine Frist vereinbart, ein Zahlungsziel, d. h., der Käufer muss nicht sofort bezahlen, sondern innerhalb der vereinbarten Frist.

Beispiel:

Es werden einige Hotelzimmer mit neuen Möbeln eingerichtet. Der Hotelier hat mit dem Möbelhändler vereinbart, dass der Kaufpreis erst nach 3 Monaten zu bezahlen ist.

Ratenkauf

Der Kaufpreis für die Ware wird in festgelegten Teilbeträgen = Raten gezahlt. Die Höhe der Teilbeträge und das Datum der Zahlungen sowie weitere Bedingungen werden zwischen den Vertragspartnern ausgehandelt.

Beispiel:

Für die Küche wurden 2 neue Kühlräume und 1 Tiefkühlraum eingerichtet. Da es sich um einen sehr hohen Gesamtbetrag handelt, wurden mit dem Hersteller feste Ratenbeträge vereinbart, die bis zum 5. Tag jedes Monats für die Dauer von einem Jahr bezahlt werden müssen.

Stückkauf

Eine einmalige Ware oder Sache wird gekauft, der Kaufgegenstand ist nur einmal vorhanden.

Beispiel:

Ein exklusives Landhotel richtet die Gästezimmer mit Antiquitäten ein. Für die Suite wird ein antiker Sessel bei einem Antiquitätenhändler gekauft. Dabei handelt es sich um ein einmaliges Stück.

Zweckkauf

Eine Ware wird für einen bestimmten Zweck benötigt. Liefert der Verkäufer nicht fristgerecht, verliert die Ware für den Käufer ihren Wert.

Beispiele:

Für den Nikolaustag werden 150 kleine Schokoladennikolause bestellt, um für die Hotelgäste einen Nikolausstiefel aufs Zimmer zu stellen. Werden diese erst am 08.12. geliefert, sind sie „zwecklos".

Die bestellten Feuerwerkskörper für das Silvesterfeuerwerk haben nur bei rechtzeitiger Lieferung einen „Zweck".

9.10 Störungen des Kaufvertrags

Mit dem Abschluss eines Kaufvertrags verpflichten sich beide Partner zur Erfüllung ihrer Pflichten. Der Verkäufer muss termingerecht einwandfreie Ware liefern, und der Käufer muss die gelieferte Ware prüfen und sie fristgerecht bezahlen.

Halten sich die Vertragspartner nicht an ihre Verpflichtungen, wird der Kaufvertrag gestört, er wird nichtig oder anfechtbar.

Das passiert durch

- mangelhafte Lieferung
- Lieferungsverzug

→ durch den Verkäufer

- Annahmeverzug
- Zahlungsverzug

→ durch den Käufer

9.10.1 Mangelhafte Lieferung

Der Verkäufer führt die Bestellung nicht genau aus und liefert

- die falsche Ware
- die falsche Menge
- Ware, die nicht die versprochenen Eigenschaften aufweist

} Falschlieferung

- beschädigte Ware
- verdorbene Ware
- Ware mit versteckten Mängeln
- Ware mit arglistig verschwiegenen Mängeln

} Qualitätsmängel

9.10.1.1 Mängelrüge

Der Käufer prüft die gelieferte Ware auf Fehler: Hat er etwas zu beanstanden, muss er es dem Verkäufer mitteilen, d. h. „den Mangel rügen". Tut er dies nicht, gilt die Ware als akzeptiert. Bei einem Handelsgeschäft (Vertrag zwischen zwei Kaufleuten) besteht nach § 377 HGB die Pflicht zur „unverzüglichen Prüfung und Rüge".
Beim bürgerlichen Kauf muss innerhalb von 6 Monaten gerügt werden (§ 477 BGB).

Offener Mangel
Ein offener Mangel ist sensorisch wahrnehmbar (man kann ihn sehen, riechen, tasten) und lässt sich sofort bei der Warenannahmekontrolle feststellen. Ein offener Mangel muss dem Lieferanten sofort angezeigt werden.

Beispiele:
- Statt Roggenvollkornmehl der Type 1060 wurde Weizenmehl der Type 405 geliefert.
- Die gelieferten Tischdecken haben die Maße 120 x 120 cm statt der bestellten 150 x 150 cm.
- Es wurden 100 Packungen umweltfreundliches Druckerpapier bestellt, aber nur 10 Packungen geliefert.
- Das bestellte Hotelporzellan wurde vollständig geliefert, aber 5 Platzteller sind zerbrochen.
- In der gelieferten Kiste mit frischen Feigen ist die Hälfte der Früchte aufgeplatzt und riecht säuerlich.

Versteckter Mangel
Ein versteckter Mangel stellt sich erst bei Verbrauch oder bei Nutzung der Ware heraus.
Entdeckt der Käufer den Mangel, muss er den Verkäufer sofort benachrichtigen. Versteckte Mängel können bis zu einer Frist von 6 Monaten gerügt werden.

Beispiele:
- Der vor 1 Monat gelieferte Weißwein hat Korkgeschmack.
- Eine 5-Liter-Packung mit frischer Schlagsahne ist verdorben.
- Bei den vor 2 Wochen gelieferten Uniformen für das Empfangspersonal lösen sich die Nähte.

Arglistig verschwiegener Mangel
Ein arglistig verschwiegener Mangel ist dem Verkäufer bekannt. Er liefert absichtlich mangelhafte Ware. Diese Mängel sind für den Käufer nicht leicht zu erkennen. Wenn der Käufer den Mangel bemerkt, muss er ihn rügen. Arglistig verschwiegene Mängel fallen nach § 123 BGB unter „arglistige Täuschung". Sie können bis zu einer Frist von 30 Jahren gerügt werden.

Beispiele:
- Der vom Hotel gebraucht gekaufte Kleinbus hatte einen Unfallschaden, der vom Verkäufer verschwiegen wurde.
- Das Lagerregal, das angeblich aus „rostfreiem Edelstahl" besteht, zeigt nach 13 Monaten einige Rostflecken. Es stellt sich heraus, dass der Verkäufer absichtlich mindere Qualität verkauft hat.
- Es werden mit Wissen des Händlers mit Chemikalien behandelte Orangen geliefert statt der verlangten ungespritzten Orangen aus ökologischem Anbau.

9.10.1.2 Rechte des Käufers bei mangelhafter Ware

Bekommt der Käufer mangelhafte Ware geliefert, kann er folgende Rechte geltend machen:

- **W**andlung ➡ ➡ des Vertrags
- **U**mtausch ➡ ➡ der mangelhaften Ware
- **M**inderung ➡ ➡ des Kaufpreises
- **S**chadensersatz ➡ ➡ wegen Nichterfüllung

- **Wandlung** des Kaufvertrags (§ 462 BGB)
Der Kaufvertrag wird rückgängig gemacht. Der Käufer gibt die Ware zurück, und der Verkäufer gibt das Geld zurück.

- **Umtausch** (§ 480 BGB)
  Der Verkäufer tauscht die mangelhafte gegen einwandfreie Ware um.

- **Minderung** (§ 462 BGB)
  Die mangelhafte Ware wird vom Käufer bei Minderung des Kaufpreises angenommen.

- **Schadensersatz** (§ 463 BGB)
  Der Käufer hat ein Recht auf Schadensersatz, wenn der Kaufvertrag nicht erfüllt wurde. Dazu muss ein konkret nachweisbarer Schaden vorhanden sein. Auch bei arglistig verschwiegenem Mangel oder Fehlen zugesicherter Eigenschaften hat der Käufer das Recht auf Schadensersatz.

Der Käufer kann nur eines der aufgeführten Rechte geltend machen.

Ausnahme:

Der Käufer hat kein Recht auf eine Mängelrüge und damit auf Wandlung, Umtausch, Minderung oder Schadensersatz, wenn ihm der Mangel bei Abschluss des Kaufvertrags bekannt war oder wenn es sich um einen völlig unerheblichen Mangel handelt.

Der Käufer muss dem Verkäufer eine angemessene **Frist** setzen, innerhalb der er Gelegenheit hat, den aufgetretenen Mangel zu beseitigen. Hält der Verkäufer diese Frist zur Behebung des Mangels nicht ein, kann der Käufer auf Kosten des Verkäufers eine dritte Partei zur Beseitigung des Mangels beauftragen, z. B. einen anderen Lieferanten.

9.10.2 Lieferungsverzug

Ein Lieferungsverzug besteht, wenn der Verkäufer gar nicht oder nicht rechtzeitig liefert. Wird zu wenig Ware geliefert, führt dies ebenfalls zum Lieferungsverzug.
Bei Einfluss höherer Gewalt (z. B. Unwetter, Unfall, Hersteller in Verzug) ist der Verkäufer nicht schuld.

9.10.2.1 Rechte des Käufers bei Lieferungsverzug

- Erfüllung des Kaufvertrags
- Erfüllung des Kaufvertrags und Schadensersatz wegen verspäteter Lieferung
- Rücktritt vom Vertrag
- Nach abgelaufener Nachfrist: Ablehnen der Lieferung und Schadensersatz

Der Käufer kann auf der Erfüllung des Kaufvertrags bestehen, d. h., er **besteht auf** der **Lieferung** der bestellten Ware. Das ist üblich, wenn das Gewünschte bei keinem anderen Lieferanten erhältlich ist.

Beispiel:

Bestellung von 60 Flaschen trockenem Gewürztraminer bei einem bestimmten Winzer, der diesen Wein als Einziger in der Region anbietet.

Der Käufer kann **Schadensersatz** wegen verspäteter Lieferung fordern und gleichzeitig auf einer Erfüllung des Kaufvertrags bestehen.

Beispiel:

Die 150 Flaschen Champagner wurden nicht wie vereinbart bis zum 30. 12. geliefert. Der Wirt schickt ein Fax zur Erinnerung an den Lieferanten und bittet darum, spätestens am 31. 12. zu liefern. Die Lieferung erfolgt erst am 05. 01. Da das Angebot aber besonders günstig war, möchte der Wirt trotzdem mit diesem Champagner beliefert werden. Er hatte aber am Silvesterabend einen hohen Verdienstausfall, weil er diese Sorte nicht auf der Getränkekarte anbieten konnte. Es ist ihm ein Schaden entstanden, den er vom Lieferanten ersetzt bekommen möchte.

Der Käufer kann **vom Kaufvertrag zurücktreten.** Dies ist nur möglich, wenn er dem Verkäufer eine Mahnung schickt und ihm eine angemessene Nachfrist zur Erfüllung des Vertrags eingeräumt hat.

Der Käufer kann die Lieferung ablehnen und auf Schadensersatz wegen Nichterfüllung des Vertrags dringen. Es kann vorkommen, dass der Käufer durch die ausgebliebene Lieferung Nachteile hatte und deswegen Schadensersatz verlangt.

Das ist ebenfalls nur mit vorheriger Mahnung und dem Einräumen einer angemessenen Nachfrist möglich.

Beispiel:

Die bestellten Bodenfliesen für das neue Schwimmbad werden nicht termingerecht geliefert.

Das Hotel mahnt die Lieferung bei der Fabrik an und räumt eine Frist zur Erfüllung von 7 Tagen ein. Es wird immer noch nicht geliefert. Die geplante Eröffnungsfeier muss verschoben werden, weil der Wirt nicht rechtzeitig einen anderen Lieferanten finden kann, um das Schwimmbad bis zur Eröffnung fertig zu stellen. 2 Wochen nach Verstreichen der Nachfrist liefert die erste Fabrik die Bodenfliesen. Der Wirt kann nun die Annahme der Lieferung verweigern.

Wenn schriftlich eine angemessene Nachfrist zur Lieferung eingeräumt wurde und der Verkäufer trotzdem nicht liefert, kann der Verkäufer seinen Warenbedarf bei einem anderen Lieferanten decken und einen **Deckungskauf** (daraus ergibt sich dann eine konkrete Schadensersatzberechnung) vornehmen. Sollte die Ware dort teurer sein, muss der ursprüngliche Lieferant die Differenz zahlen.

Beispiel:

Der Wirt des Hotels findet niemanden, der die gewünschten Fliesen anbietet und kauft ähnliche Bodenfliesen bei einem anderen Lieferanten, der schnell liefern kann. Dort kostet der Quadratmeter 11 € mehr. Der erste Lieferant muss nun die Differenz zur ursprünglichen Bestellung bezahlen.

Ausnahmen:

Es muss vom Käufer keine Nachfrist eingeräumt werden bei

- **Selbstinverzugssetzung des Verkäufers**
  Wenn der Verkäufer nicht liefern kann und dies dem Käufer mitteilt, also die Lieferung verweigert, bringt er sich „selbst in Verzug".

- **Zweckkauf**
  Wenn für einen besonderen Anlass Ware bestellt und nicht geliefert wurde und die Ware nur für diesen Anlass brauchbar war.
- **Fixkauf**
  Wenn der feste Liefertermin wesentlicher Bestandteil des Vertrags ist.

9.10.3 Annahmeverzug (§ 293 ff. BGB)

Ein Annahmeverzug liegt vor, wenn der Käufer sich weigert, die termin- und ortsgerecht gelieferte Ware anzunehmen.

9.10.3.1 Rechte des Verkäufers bei Annahmeverzug (§ 300 BGB)

- Rücktritt vom Kaufvertrag
- Zurücknehmen der Ware und Einlagerung; Verklagen des Käufers auf Annahme und Zahlung
- Lagerung der Ware in einem öffentlichen Lagerhaus auf Kosten und Gefahr des Käufers; Verklagen des Käufers auf Annahme und Zahlung
- Selbsthilfeverkauf
- Notverkauf zur Kostendeckung bei verderblicher Ware ohne vorherige Mitteilung an den Käufer

Der Verkäufer kann die Ware behalten und **an einen anderen verkaufen.** Damit tritt er vom Kaufvertrag zurück. Der ursprüngliche Käufer muss die eventuell entstehenden Kosten zahlen.

Wenn es sich um lagerfähige Ware handelt, kann der Verkäufer die **Ware zurücknehmen** und, wenn er genug Lagerkapazitäten hat, sie in seinem Lager **aufbewahren** sowie auf Abnahme und Zahlung vor Gericht **klagen.**

Der Verkäufer kann die Ware auch auf Kosten und Risiko des Käufers in einem öffentlichen Lagerhaus aufbewahren lassen und vor Gericht auf Abnahme und Zahlung klagen.

Möchte der Verkäufer nicht warten, bis die Klage vor Gericht verhandelt wird, kann er die Ware weiterverkaufen. Er muss aber vorher dem Käufer den Lagerort mitteilen und ihm eine **Nachfrist** zur Annahme der Ware setzen.

Den Verkauf der Ware durch den Verkäufer bezeichnet man als „**Selbsthilfeverkauf**", dabei muss die Ware öffentlich versteigert werden. Der Käufer muss die Differenz zahlen, wenn der Verkäufer durch die Versteigerung zu geringe Einnahmen hatte.
(§ 385 ff. BGB, §§ 373, 375 HGB)

Bei leicht verderblicher Ware darf der Verkäufer einen **Notverkauf** vornehmen. Dabei muss er dem Käufer keine Nachfrist zur Warenannahme setzen.

Beispiel:
Ein Garten-Restaurant hat 50 kg Spargel bestellt. Weil wegen schlechten Wetters wenig Gäste erwartet werden, verweigert der Küchenchef die Annahme der Lieferung. Da es sich um verderbliche Ware handelt, darf der Lieferant den Spargel an einen anderen verkaufen, ohne eine Nachfrist zu setzen.

Selbsthilfe- und **Notverkäufe** gehen **zu Lasten des Käufers**. Der Käufer muss die Kosten der Versteigerung und des Verlustes (Mindererlös) für den Verkäufer tragen, weil er an der Situation schuld ist. Rechtlich gesehen steht ein Gewinn (Mehrerlös) aus dem Selbsthilfe- oder Notverkauf dem ursprünglichen Käufer zu.

9.10.4 Zahlungsverzug

Wenn der Käufer die Ware annimmt, aber nicht oder nicht fristgerecht bezahlt, kommt es zum Zahlungsverzug. Es kann vorkommen, dass der Käufer die Rechnung nicht bezahlen will, dass er kein flüssiges Kapital zur Verfügung hat oder er vergessen hat, die Rechnung zu begleichen.

9.10.4.1 Rechte des Verkäufers bei Zahlungsverzug (§ 241 ff. BGB)

- Rücktritt vom Kaufvertrag
- Verlangen von Verzugszinsen
- Verlangen von Zahlung des Verzugsschadens

Der Verkäufer kann vom Vertrag zurücktreten, er fordert die bereits **gelieferte Ware** vom Käufer **zurück** und kann sie an jemand anderen verkaufen.

Der Verkäufer kann vom Käufer die Zahlung von **5 % Verzugszinsen** pro Jahr auf den Rechnungsbetrag verlangen (beim zweiseitigen Handelskauf).

Wenn der Käufer eine Privatperson ist, kann der Verkäufer 4 % Verzugszinsen pro Jahr verlangen.

Der Anteil an Verzugszinsen wird auf die Dauer, während der die Rechnung nicht beglichen wird, umgerechnet.

Der Verkäufer kann den ihm entstandenen Schaden (so genannter „**Verzugsschaden**") vom Käufer fordern. Das sind alle entstandenen Kosten, die der Verkäufer durch den Zahlungsausfall hatte. Dazu gehören auch die Mahnkosten.

Der Verkäufer muss in jedem Fall den Käufer zunächst mahnen, bevor er eine Klage vor Gericht einreicht.

In der Regel wird als Erstes ein **Erinnerungsschreiben** an den Käufer verschickt, in dem er gebeten wird, den offenen Rechnungsbetrag zu begleichen. Danach folgen die **1. Mahnung** und später die **2. Mahnung**. Zahlt der Käufer noch immer nicht, wird per Einschreiben eine **3. Mahnung** zugestellt. Sollte der Schuldner noch immer nicht zahlen, wird ein Mahnbescheid vom Amtsgericht beantragt.

Der Käufer muss dann auch die Kosten der Mahnungen des Verkäufers und die Kosten des gerichtlichen Mahnverfahrens ersetzen.

Aufgaben

1. Begründen Sie, in welchen Fällen es sich um ein rechtlich wirksames Angebot (als Willenserklärung) handelt und wann nicht:

   a) Die Firma Feinkost Schröder inseriert im „Feinkostkurier", der an Gaststätten und Kantinen versandt wird. Es werden Eclairs mit Nugatfüllung, Waldmeister-Eistörtchen und portioniertes Mandeleisparfait für Desserts angeboten. Wenn pro Produkt mindestens 300 Stück abgenommen werden, stellt die Firma Schröder einen Mengenrabatt von 2 % in Aussicht.

   b) Die Firma Danni schickt die gewünschte Preisliste und Lieferbedingungen über feste Papierservietten mit und ohne Muster, die an „den Einkäufer des Hotels Basel" adressiert sind.

   c) Der Chef des Hotels „Schwarzer Rabe" bittet bei einer Kaffeerösterei um die Zusendung von Prospekten für einen neuen Kaffeeautomaten und um einen Vertreterbesuch.

   d) Die Firma „Fixdruck" antwortet auf eine bestimmte Anfrage des Restaurants „Canard" per Fax. „Fixdruck" informiert über die Dauer und Preise der Herstellung von neuen Speise- und Visitenkarten für das Restaurant.

   e) In der „Hotel- und Gaststätten-Zeitung" ist eine Anzeige von einem Fachbuchverlag geschaltet. Es werden verschiedene Bücher mit Preisangaben vorgestellt. Bei einer Bestellung von Auszubildenden würden 5 % Sonderrabatt eingeräumt.

2. Es wird mangelhafte Ware geliefert. Wie gehen Sie vor?

   a) Für eine Veranstaltung wurden 250 Flaschen Grauer Burgunder bestellt; am 25. 06 wird termingerecht geliefert, allerdings 250 Flaschen Riesling.

   b) Von 5 gelieferten frischen Rebhühnern sind 3 verdorben.

   c) Statt des bestellten grünen Blattsalats wurde Eichblattsalat geliefert.

   d) Die gelieferten Deckservietten sind aus Halbleinen statt aus Baumwolle, und sie sind in Altrosa statt in Lachsfarben.

   e) Von den bestellten 500 Stück Hummergabeln wurden nur 200 geliefert. Dabei handelt es sich um einen Restbestand. Die fehlenden 300 könnten erst nach weiterer Produktion in etwa 6 Monaten geliefert werden.

   f) Die Halle des Hotels „Hamburg" soll mit neuem Bodenbelag ausgestattet werden. Der Einkäufer bestellt Musterfliesen und testet sie mit dem üblichen Reinigungsmittel. Nach Verlegen und einigen Reinigungen werden die Fliesen stumpf und unansehnlich.

   g) Es wurden termingerecht 300 Flaschen Rotwein von Ihrem üblichen Weinhändler geliefert. Die ersten Flaschen dieser Lieferung werden 3 Monate später verkauft. Die Gäste reklamieren den Wein, weil er nach Kork schmeckt. Nach Prüfung mehrerer Flaschen wird deutlich, dass vermutlich die gesamte Lieferung mit schlechten Korken bestückt ist.

h) Es wurden neue durchsichtige und angeblich bruchsichere Behälter für die Aufbewahrung von Nährmitteln bestellt, die ordnungsgemäß geliefert werden. Beim Stapeln übereinander (mit zulässigem Gewicht) zeigen 6 Behälter Materialschwäche und zerbrechen.

i) Das Hotel „Seeblick" möchte den Gästen die Möglichkeit zum Ausleihen eines Fahrrads bieten und kauft 10 leicht gebrauchte Fahrräder bei einem Händler am Ort. Der Fahrradhändler versichert, dass alle Fahrräder einen stabilen Rahmen haben und keine großen Reparaturen ausgeführt wurden. Ein Gast hat einen Unfall mit einem Rad, an dem der Rahmen brach.

3. Das Hotel Columbus erhält eine Lieferung Weingläser. Beim Auspacken wird festgestellt, dass der Boden bei vielen Gläsern nicht eben ist und sie deswegen auf dem Tisch schaukeln. Da das Hotel schon einmal Ärger mit diesem Lieferanten hatte, macht es von seinem Recht auf Wandlung Gebrauch. Was bedeutet das?

4. Um welche Art von Kaufvertrag handelt es sich in 2. f)?

5. In einem Kaufvertrag wurde als Liefertermin „12. September 2001 fix" vereinbart. Die Ware trifft nicht vereinbarungsgemäß ein, so dass Sie Lieferungsverzug geltend machen wollen. Wann ist dies frühestens möglich?

6. Beim Konditor wurden für Ostern 250 Trüffel-Ostereier bestellt. Der Konditor liefert nicht termingerecht. Auf einen Anruf meldet sich niemand. 3 Tage nach Ostern liefert der Konditor.
   a) Welche Art von Kaufvertrag wurde geschlossen?
   b) Welche Möglichkeiten haben Sie als Käufer?

10 Schriftverkehr im Magazin

Im Magazin fallen verschiedene schriftliche Arbeiten an. Es werden Anfragen formuliert, Angebote verglichen, Bestellungen geschrieben, Lieferscheine und Rechnungen bearbeitet und Warendateien geführt. Auch Reklamationen und Mahnungen kommen im Schriftwechsel vor, z. B. bei mangelhafter Lieferung oder Lieferungsverzug. Die Ablage der Schriftstücke für die laufenden und abgeschlossenen Geschäftsvorfälle muss sinnvoll und zeitsparend organisiert sein. Gute Kenntnisse sind wichtig, weil durch korrekten Schriftverkehr und zügige Bearbeitung laufender Geschäftsvorfälle der Betrieb in positiver Weise repräsentiert wird.

10.1 Geschäftsbriefe

Geschäftsbriefe werden geschrieben, um Vorgänge deutlich und unmissverständlich darzustellen. Man kann nicht zu jeder Zeit mit dem Geschäftspartner sprechen. Außerdem sind mündlich getroffene Absprachen nicht nachweisbar und können schnell verloren gehen. Ein Brief macht das Anliegen des Absenders deutlich und wird weiter bearbeitet.

Briefe **spiegeln den Verfasser wider.** Daher müssen sie **fehlerfrei, eindeutig,** sauber und in einem angenehmen Stil abgefasst sein, um beim Empfänger einen positiven Eindruck zu hinterlassen.

Briefe

- sind übersichtlich gestaltet,
- sind in einer ansprechenden, treffenden, klaren Ausdrucksweise formuliert,
- beschreiben kurz und nachvollziehbar das Anliegen des Absenders.

Übersichtliche Gestaltung
Briefe werden in der DIN-Norm 5008 abgefasst. Das ist eine Norm, die zum Maschinenschreiben entwickelt wurde und nach deren Vorgaben auch mit dem Computer Briefe gestaltet werden. Sie hilft, Geschäftsbriefe übersichtlich zu gestalten, damit das Wichtigste schnell erfasst werden kann. Bei korrekter Faltung passen die so gestalteten Briefe in Fensterbriefumschläge, und man kann die Adresse des Empfängers lesen. Das Beschriften des Briefumschlags wird so gespart. Bei vorgedruckten Geschäftsbriefbögen sind am Rand kleine Faltmarken sichtbar.

Guter Stil
Briefe werden in einem ansprechenden und freundlichen Stil geschrieben. Der Empfänger wird höflich mit „Sie" angesprochen. Es werden aktive Formulierungen verwendet, weil sie nicht so schwerfällig wie passive klingen und persönlicher wirken.

Unbedingt vermeiden:
- komplizierte Wortschöpfungen oder „Beamtendeutsch"; es ist völlig überholt zu glauben, dass man sich in einem Geschäftsbrief geschwollen und kompliziert ausdrücken muss
- Schachtelsätze und Bandwurmsätze; zu lange Sätze und komplizierte Sätze erschweren es dem Empfänger, das Wesentliche zu erfassen
- Rechtschreibfehler
- „möchte"
  falsch: wir möchten Ihnen mitteilen, dass ...
  richtig: wir teilen Ihnen mit, dass ...
- „erfolgt"
  falsch: die Bezahlung erfolgt in bar
  richtig: wir bezahlen in bar
- Füllwörter
  falsch: eigentlich, selbstverständlich, gewissermaßen, jedoch, sozusagen

Formale Gestaltung eines Briefs nach DIN-Norm 5008

Anfang des DIN-A4-Blattes ↓

10° →

1. Absender
Name
Straße, Postfach
PLZ, Ort

50° → **2. Ort, Datum** ← 70°

°
°
°

3. Empfänger
Name
Straße, Postfach
°
PLZ, Ort
°
°

4. Bezugszeichen   bei Einfügung der Bezugszeichenzeile wird das Datum ans Ende
dieser Zeile geschrieben
°
°

5. Betreff
°
°

6. Anrede
°

7. Text..

....
....
°
....
....
....
....
°
....
....
°

8. Grußformel
°

9. Unterschrift
°

10. Anlage

Zeichenerklärung:

- ° = Leerzeile
- 10° = Bei diesem Anschlag in der Schreibmaschine soll der Rand liegen. Spannt man einen Bogen in eine Schreibmaschine, liegt der linke Rand des Blattes bei 0°. Um einen Rand zu lassen, fängt man bei 10° an zu schreiben. Am Computer werden die Ränder in Zentimeter gesetzt.
- 4. Bezugszeichenzeile = Hinweis auf vorangegangenen Schriftwechsel und die Kürzel (meist Anfangsbuchstaben des Namens) der Personen, die den Brief geschrieben haben, oder Kürzel über Geschäftsvorfälle.
- 5. Betreff = gibt in Stichworten den Zweck des Briefs in einer Zeile wieder.
- 10. Anlage = was dem Brief beiliegt (Prospekt, Preisliste usw.).

Lernfeld Magazin

Beispiel für ein Angebot nach DIN 5008

Klaasen & Sohn
Olgastr. 12
21563 Husum

Hotel Bellevue
Mühlenweg 23

36725 Bad Wildungen

Ihre Zeichen, Ihre Nachricht vom	unsere Zeichen, unsere Nachricht vom	Telefon	Datum
be-ka 05.09.01	ks-uk	(0 54 XX) XX 77	09.09.01

Angebot von Weingläsern

Sehr geehrte Damen und Herren,

wir danken Ihnen für Ihr Interesse an unserer Glaskollektion. Auf Ihre schriftliche Anfrage per E-Mail vom 05.09.01 bieten wir Ihnen Weingläser der gewünschten Modelle zu folgenden Preisen an:

Rotwein-Glas	Best.-Nr. 1234	4,15 € / Stück
Weißwein-Glas	Best.-Nr. 5678	3,60 € / Stück
Riesling-Glas	Best.-Nr. 9101	4,20 € / Stück

Wir haben Ihnen einen Prospekt mit Abbildungen dieser Gläser und weiteren Artikeln aus unserem Sortiment beigelegt. Zurzeit bieten wir außerdem Dekantier-Karaffen zu günstigen Preisen an, Abbildungen hierzu finden Sie ebenfalls im Prospekt.

Bereits innerhalb einer Woche, nachdem Ihre Bestellung bei uns eingegangen ist, werden wir Ihnen die gewünschten Gläser frei Haus liefern.
Bei einer Bestellung von mehr als 500 Gläsern bieten wir Ihnen einen Mengenrabatt von 5 %. Wenn Sie die Rechnungssumme innerhalb von 7 Tagen nach Erhalt der Rechnung auf unser Konto überweisen, gewähren wir Ihnen außerdem 2 % Skonto.
Erfüllungsort und Gerichtsstand für Verkäufer und Käufer ist Husum.

Wir hoffen, dass das Angebot Ihren Vorstellungen entspricht und wir Ihre Bestellung bald entgegennehmen können.

Mit freundlichen Grüßen

Ulrich Klaasen

Anlage
Prospekt

- altmodische Ausdrücke
  falsch: anlässlich, etwaig, diesbezüglich, hinsichtlich, zwecks
- zu viele Substantive
  falsch: wir stellen Ihnen in Rechnung, wir bitten um Lieferung
  richtig: wir berechnen Ihnen, bitte liefern Sie uns
- Passivform
  falsch: der Betrag wird von uns überwiesen, die Ware wird von uns geliefert
  richtig: wir überweisen Ihnen den Betrag, wir liefern Ihnen die Ware

Es ist keine Hexerei, korrekte Briefe zu schreiben. Hilfen zur Rechtschreibung und zur Wortwahl findet man im Duden, angemessene Formulierungen zu den Themen in Geschäftsbriefen in Büchern über richtigen Schriftverkehr für Wirtschaft und Verwaltung. Softwareprogramme bieten Rechtschreibkorrekturen, zeigen Grammatikfehler an und helfen bei der Wortwahl. Für den Schriftverkehr in der Gastronomie gibt es außerdem Programme mit standardisierten Textbausteinen, die man wunschgemäß zusammenstellen kann.

10.1.1 Briefe im Magazin

Anfrage

Eine **allgemeine Anfrage** wird geschrieben, um z. B. um Zusendung von Prospekten, Katalogen oder Preislisten zu bitten. Eine **bestimmte Anfrage** kann die Bitte um ein verbindliches Angebot zu einer Ware zum Inhalt haben.

Eine Anfrage enthält:
- Grund des Schreibens
- Gegenstand der Anfrage
  (Zusendung einer Preisliste, Angebot gewünscht zu einer Ware usw.)

Angebot

Der Lieferant schickt ein Angebot ins Haus. Wenn dem Angebot eine Anfrage vorausging, handelt es sich um ein verlangtes Angebot. Die Angaben in einem Angebot sind verbindlich. Wenn sich der Lieferant damit nicht fest binden will, bezeichnet er es als „freibleibendes Angebot" oder „unverbindliches Angebot".

(Erklärungen zu Begriffen, die in Angeboten und Bestellungen verwendet werden, finden Sie im Kapitel Kaufvertrag.)

Ein Angebot enthält:
- Bezug zur Anfrage
- gewünschte Informationen zu der Ware und zu den Bedingungen des Angebots:
  - Gültigkeitsdauer des Angebots
  - Art und Beschaffenheit der Ware (Jahrgang, Handelsklasse, Artikelnummer, Farbe)
  - Menge (Stückzahl, Gewichte, Einheiten)
  - Preis (Bruttopreis inkl. Mehrwertsteuer)
  - Rabatte und Preisnachlässe (Mengenrabatt, Treuerabatt, Skonto)
  - Verpackungs- und Transportkosten (Porto, Fracht, Rollgeld)
  - Transportbedingungen (ab Werk, ab Lager, frei Haus)
  - Lieferzeit
  - Zahlungsbedingungen (Vorauszahlung, gegen Nachnahme, bar, Überweisung usw.)
  - Bestimmungen zur Eigentumsübertragung
  - Erfüllungsort und Gerichtsstand
- Hoffnung auf Bestellung

Beispiel für eine bestimmte Anfrage

Restaurant „Chez François"
Malerstr. 98
80025 München

23. 06.

An
Firma Lemara
Robichonstr. 17

74254 Saarbrücken

Anfrage per Fax (Nr.: 0XX/XX 10 98) zu Fisch-Service „Meeresfrüchte"

Sehr geehrte Damen und Herren,

wir wurden durch eine Messe auf Ihr Sortiment aufmerksam. Wir möchten für unser Restaurant eine neues Fisch-Service anschaffen und bitten Sie daher um Preise und Lieferbedingungen für Fisch-, Fischsuppenteller und Servierplatten.
Bitte senden Sie uns ein Angebot an die obige Adresse.

Mit freundlichen Grüßen

I. Markwitz

Request

Example of a request for a catalogue and price-list

Dear Sir,

Could you please send me details of your knives and forks, which are beeing advertised in the Hotel-Magazine. Please send me your catalogue and price-list quoting trade prices about a set of silver cutlery with 60 pieces.

I would appreciate a prompt reply.

Yours faithfully,

John Doe

Beispiel für ein Angebot

Firma Lemara | Robichonstr. 17 | 74254 Saarbrücken

25.06.

Restaurant „Chez François"
Frau Markwitz (Abteilung Einkauf)
Malerstr. 98

80025 München

Angebot über Fisch-Service aus der Serie „Meeresfrüchte"

Sehr geehrte Frau Markwitz,
wir bedanken uns für Ihre Anfrage per Fax vom 23.06. Sie baten um Preise und Lieferbedingungen
für einige Artikel aus unserer Geschirrserie „Meeresfrüchte".

Die folgenden Preise sind bis zum 31.12. gültig und verstehen sich als Endpreise inkl. MwSt.
Alle aufgeführten Artikel sind aus weißem Porzellan mit Verzierungen in Form verschiedener Schal- und
Krustentiere. Im beigelegten Prospekt finden Sie Abbildungen der gewünschten Serviceteile.

Fischteller	29 cm	Art.-Nr. 0985	weiß	pro Stück	8,40 €
Fischsuppenteller, tief	23 cm	Art.-Nr. 0986	weiß	pro Stück	9,60 €
Grätenteller	20 cm	Art.-Nr. 0982	weiß	pro Stück	4,35 €
Buttersauciere	0,12 l	Art.-Nr. 0988	weiß	pro Stück	8,15 €
Stövchen für Buttersauciere	15 cm	Art.-Nr. 0984	weiß	pro Stück	14,20 €
Sauciere	0,28 l	Art.-Nr. 0987	weiß	pro Stück	12,00 €
Fischplatte	38 cm	Art.-Nr. 0981	weiß	pro Stück	20,90 €
Schale	22 cm	Art.-Nr. 0983	weiß	pro Stück	10,50 €
Schale	12 cm	Art.-Nr. 0982	weiß	pro Stück	9,85 €

Bei einer Abnahme von mindestens 100 Stück pro Artikel räumen wir Ihnen einen Mengenrabatt
von 5 % ein.

Die Lieferung erfolgt 21 Tage nach Eingang Ihrer Bestellung bei uns. Die gewünschten Artikel werden
bruchsicher in Transportkisten verpackt, die unser Eigentum bleiben. Wir liefern frei Haus.
Die Ware ist erst nach Erhalt der Rechnung von Ihnen zu bezahlen.

Gerne senden wir Ihnen zur Probe je einen Fischsuppen-, Fisch- und Grätenteller, damit Sie das Service
testen können. Wir hoffen sehr, dass Ihnen unser Angebot zusagt, und freuen uns auf eine Bestellung.

Mit freundlichen Grüßen

Frank Blattner

Anlage
1 Prospekt

Erfüllungsort und Gerichtsstand ist Saarbrücken.

Bankverbindungen: Sparkasse Saarbrücken, Konto-Nr. 000000100, BLZ 918 000 61

Offer

Example for an offer answering the request

> Dear Mr. Doe,
>
> Thank you for your inquiry for silver cutlery.
> We are enclosing the latest catalogue and current price-list quoting c.i.f prices.
> The catalogue is giving detailed information about our silverware.
>
> With regard to trade discount, we are allowing 15 % off list prices to retailers and wholesalers with quantity discounts for orders over $ 1.000.–.
>
> We will be pleased to supply any further information you require and looking forward to your order.
>
> Yours sincerely,
>
> *Jean Miller*

Bestellung

Eine Bestellung muss die gleichen Angaben wie das Angebot enthalten. Die gewünschte Ware, Liefer- und Zahlungsbedingungen werden ausführlich beschrieben, damit es keine Missverständnisse gibt.
Ändert der Besteller etwas ab, z. B. die Menge oder den Preis, gilt dieses als neue Anfrage.

Eine Bestellung enthält:
- Bezug zum Angebot
- Angaben zur Beschaffenheit und Art der Ware
- Preis
- Liefertermin
- Zahlungsart
- Sonderwünsche

Beispiel für eine Bestellung

Restaurant „Chez François" 29.06
Frau Markwitz (Abteilung Einkauf)
Malerstr. 98
80025 München

An
Firma Lemara
Robichonstr. 17

74254 Saarbrücken

Ihr schriftliches Angebot über Fischservice aus der Serie „Meeresfrüchte"
vom 25.06.

Sehr geehrte Damen und Herren,

wir bedanken uns für Ihr Angebot vom 25.06. und bestellen folgende Artikel aus Ihrem Sortiment:

120	Fischteller	29 cm	Art.-Nr. 0985	weiß	pro Stück	8,40 €
120	Fischsuppenteller, tief	23 cm	Art.-Nr. 0986	weiß	pro Stück	9,60 €
60	Grätenteller	20 cm	Art.-Nr. 0982	weiß	pro Stück	4,35 €
30	Fischplatten	38 cm	Art.-Nr. 0981	weiß	pro Stück	20,90 €
30	Schalen	22 cm	Art.-Nr. 0983	weiß	pro Stück	10,50 €

Bitte liefern Sie innerhalb von 3 Wochen nach Eingang unserer Bestellung bei Ihnen.
Wie angeboten, erwarten wir die Lieferung der Ware frei Haus. Für die Fischteller und Fischsuppenteller nehmen wir den Mengenrabatt von 5 % in Anspruch, da wir mehr als 100 Stück pro Artikel abnehmen.

Wir freuen uns auf gute Geschäftsbeziehungen mit Ihnen.

Mit freundlichen Grüßen

I. Markwitz

Order

Example for an order

> Dear Sir,
>
> Thank you for your offer from 01/09/04.
> We would like to place an order for the following items, quantities specified below.
>
> We order:
>
> | | | | |
> |---|---|---|---|
> | 12 glasses | Orange Marmalade | £ 2.75 | per glass |
> | 6 glasses | Lime Marmalade | £ 2.25 | per glass |
> | 9 glasses | Rose Petal Jelly | £ 3.45 | per glass |
> | 5 glasses | Mint Sauce | £ 1.30 | per glass |
> | 15 bottles | Worcestershire Sauce | £ 0.85 | per bottle |
> | 3 cans | Colman's Mustard Powder | £ 2.95 | per can |
> | 5 cans | Piccalilli Pickles | £ 2.60 | per can |
>
> We await confirmation of our order to the fax-no. quoted above.
> We would be happy if the goods will be dispatched within 7 working days.
> As you offered, you will bear the costs of shipment.
> We will pay by cheque after the delivery of our order.
>
> Yours sincerely,
>
> *Mark Brewster*

Mängelrüge

Wenn eine Lieferung nicht in Ordnung ist, wird dies dem Verkäufer mitgeteilt.

Die Mängel müssen genau und nachvollziehbar beschrieben werden.

In der Betreffzeile steht „Beanstandung" o. Ä. Auf keinen Fall schreibt man „Mängelrüge" in die Betreffzeile, das wirkt unhöflich.

Eine Mängelrüge enthält:

- Bestätigung, dass die Ware angenommen und geprüft wurde
- genaue Beschreibung der Mängel
- deutlichen Wunsch nach gewolltem Handeln (Stellungnahme, Wandlung, Umtausch usw.)

(Siehe Kapitel Kaufvertrag, Rechte bei mangelhafter Lieferung.)

Beispiel für eine Mängelrüge

Restaurant „Kiepenkerl"
Strandweg 10
20015 Süderbrarup

Firma
Müller & Kupfermann
Sonnenallee 26–28

82543 Rellingen

Beanstandung der gelieferten Tischwäsche

Sehr geehrte Damen und Herren,

wir bedanken uns für die pünktliche Lieferung der bestellten Servietten und Tischdecken am 23.08.
Leider fielen uns bei der Prüfung der Tischwäsche folgende Mängel auf:

Es wurden nur 300 statt der gewünschten 500 Servietten Nr. 6549 geliefert,
die 25 Tischdecken Nr. 7824 wurden in Blau statt in Gelb geliefert.

Wir bitten Sie, die gewünschten Servietten nachzuliefern und die Tischdecken umzutauschen.
Wir erwarten die bestellte Ware innerhalb von 3 Tagen.

Mit freundlichen Grüßen

M. Süßkind

10.2 Organisation der Ablage

Aller anfallende Schriftverkehr muss übersichtlich geordnet und aufbewahrt werden. Ein durchdachtes Ordnungssystem erleichtert den Betriebsablauf. Die laufenden Vorgänge können ohne langes Suchen schnell bearbeitet werden.

Papiere werden entweder **alphabetisch, zeitlich** oder **nach Sachgebieten** sortiert.
Das System der Ablage orientiert sich außerdem an den gesetzlichen Vorschriften zu Aufbewahrungsfristen, an laufenden Geschäftsvorfällen und dem Alter der Schriftstücke.

Alle Briefe und Formulare für **laufende Geschäftsvorfälle** werden zusammen in einem Aktenordner oder in einer Mappe abgeheftet. Sie werden nach Datum sortiert.
Es werden die jeweilige Anfrage, das Angebot des Herstellers, die daraus folgende Bestellung, der Lieferschein und die Rechnung für eine Warenlieferung zusammen abgelegt; also alle Papiere, die diesen Geschäftsvorgang dokumentieren.
Aktuelle Angebote, Lieferscheine und Bestellungen bleiben in Reichweite, bis der Vorgang abgeschlossen ist.

Die Papiere über ältere, bereits **abgeschlossene Geschäftsvorgänge** werden im Archiv aufbewahrt. Das kann z. B. in einem Kellerraum sein, oder die Akten können zusammen mit Büromaterialien im Papierlager verwahrt werden.
Es ist inzwischen üblich, Daten auf Disketten und CDs zu speichern. Diese Datenträger werden ebenfalls archiviert, und es gelten die gleichen Fristen zur Aufbewahrung. Bei einer Betriebsprüfung muss gewährleistet sein, dass die Daten innerhalb angemessener Zeit auf Papier vorliegen können. Die Archivierung muss der fortschreitenden Technik angepasst werden, damit die Daten (bei einer Aufbewahrungspflicht von 10 Jahren) nicht verloren gehen, z. B. werden Mikrofilme in Computerdateien umgewandelt und auf CDs gespeichert.

Nicht mehr benötigte Schriftstücke werden in den Aktenvernichter (Reißwolf) gesteckt und als Altpapier entsorgt.

Gesetzliche Fristen zur Aufbewahrung

Es ist gesetzlich vorgeschrieben (nach § 238 HGB), dass viele Schriftstücke und Dokumente für bestimmte Zeit aufbewahrt werden müssen.
Dazu zählen:

- Rechnungen, Belege, Reklamationen, Auftragsbestätigungen und Geschäftsbriefe
6 Jahre
- EDV-Warendateien, Wareneingänge, Lieferscheine, Frachtbriefe, Geschäftsbücher, Inventur- und Inventarlisten, Bilanzen
10 Jahre

Aufgaben

Beachten Sie die DIN-Norm 5008, den folgerichtigen Aufbau und die Grundregeln für den Stil eines Geschäftsbriefs bei den folgenden Aufgaben!

1. Sie haben auf der Intergastra bei einer Firma, die auch Messer anbietet, besondere Ausstecher zur Gestaltung von kalten Platten gesehen. Sie möchten nun von der Firma einen Prospekt mit diesen und ähnlichen Artikeln, Preisen und Lieferbedingungen für die Ausstecher.
   Schreiben Sie eine bestimmte Anfrage mit der Bitte um ein Angebot. Denken Sie sich die Angaben zu Absender und Empfänger aus!

2. Antworten Sie auf das Musterangebot aus dem Kapitel über die äußere Gestaltung eines Geschäftsbriefs der Firma Klaasen & Sohn.
   Schreiben Sie für das Hotel Bellevue eine Bestellung für Weingläser!

3. Das Hotel Goldene Gans, Karlstr. 67, 13429 Berlin, bestellt bei der Firma Wiedel, Thullastr. 78, 56478 Köln, Tischwäsche:
   200 weiße Tischdecken, 1,50 m x 1,80 m, Nr. 87690, je 24 €;
    50 weiße Deckservietten, 0,80 m x 0,80 m, Nr. 90876, je 13 €;
   500 weiße Servietten, ungemustert, 0,40 m x 0,40 m, Nr. 23421, je 4,50 €.
   Die Tischwäsche soll innerhalb von 14 Tagen gegen Rechnung geliefert werden.
   Die Bestellnummern und die Preise haben Sie aus dem Frühjahrskatalog entnommen.
   Schreiben Sie die Bestellung!

4. Am 21. 11. wurden dem Hotel Barbarossa, Rotbartstr. 4, 43562 Kaiserstadt, durch die Lebensmittelhandlung Brunner & Söhne, Karlstr. 128, 43521 Königsdorf, 5 Fässer Olivenöl frei Haus geliefert. Beim Öffnen des ersten Fasses wurde festgestellt, dass das Öl einen eigenartigen Geruch aufweist. Daraufhin wurden auch die übrigen Fässer überprüft. Es stellte sich heraus, dass in einem Fass 5 Liter fehlten (statt 25 l waren nur 20 l enthalten, das Fass hatte innen eine Literskala), die Qualität gab aber bei den übrigen 3 Fässern keinen Grund zur Beanstandung.
   Schreiben Sie eine Mängelrüge an die Lebensmittelhandlung!

5. Die Firma Lemara hält den Liefertermin für das Fisch-Service ein. Bei der Warenkontrolle wird festgestellt, dass die bestellten Fischplatten fehlen. Schreiben Sie eine Mängelrüge an die Firma! Entnehmen Sie die nötigen Daten aus dem Musterangebot und der Musterbestellung aus dem Kapitel 10.1.1 – „Briefe im Magazin"!

Lernfeld Magazin

11 Postbearbeitung

Briefe, Schriftstücke, Päckchen und Pakete werden in allen Abteilungen des Hotels bearbeitet. Im Magazin werden Bestellungen verschickt, Angebote kommen ins Haus, und Warensendungen müssen angenommen werden.

Bei eingehender Post muss das **Postgeheimnis** gewahrt werden.
Post an Gäste wird auf keinen Fall geöffnet.
Post für Mitarbeiter im Hotel darf nur von bevollmächtigten Personen geöffnet werden. Wer welche Post im Betrieb öffnen darf, ist festgelegt.
Alle eingehenden Schriftstücke werden mit einem **Eingangsstempel** versehen. Die Post wird dann an die zuständigen Abteilungen und Personen verteilt.

Zur besseren Übersicht der ein- und ausgehenden Post wird ein **Posteingangs-** (Datum, Absender, Empfänger, Art der Sendung) und ein **Postausgangsbuch** (Datum, Empfänger, Art der Sendung, Porto, Unterschrift des Mitarbeiters) geführt.
Das dient zum Nachweis über den Schriftverkehr (falls etwas verloren geht) und zur Kontrolle der Portokasse.

Dank der technischen Entwicklung werden heute viele Briefe und Nachrichten per **E-Mail** (electronic mail = elektronische Post) verschickt. Das geschieht über das Internet, ist schnell und kostengünstig. In der Mailbox (elektronischer Briefkasten) wird die Versendung der Nachricht bestätigt. Man kann einen Kontrollausdruck machen, auf dem alle versandten und eingegangenen Nachrichten aufgeführt sind.

Viele Nachrichten werden per **Fax** verschickt. Auch das geht schneller und direkter als eine Zustellung mit der Post. Hier bekommt man als Nachweis des Versendens einen Sendebericht ausgedruckt.

Der größte Teil der anfallenden Korrespondenz und Pakete werden mit der Deutschen Post befördert. Große Betriebe, die viele Briefe versenden, haben eine Frankiermaschine. Eine Frankiermaschine frankiert die Briefe mit einem Stempel. Die Gebühr wurde im Voraus bei der Post bezahlt. Auf der Maschine werden Anzahl der Briefe und Portogebühren „gezählt". Bei einem Mindestumsatz von 250 € gibt es eine Ermäßigung bei der Freistempelung. Pro Geschäftsvorfall und Maschine ist das 1 % des Umsatzes.

Es gibt noch andere Unternehmen, die den Transport und die Zustellung von Päckchen, Paketen, sperrigen Gütern und Dokumenten übernehmen, z. B. DHL, DPD, UPS und lokale Kurierdienste. Pakete werden mit einem Gewicht bis zu 31,5 kg befördert; die Zustellung erfolgt in der Regel am nächsten Tag.
Diese Unternehmen holen die Sendungen beim Versender ab. Die Post holt nur gegen besondere Entgelte Sendungen beim Absender ab.

Über aktuelle Gebühren und zugelassene Maße für Briefe und andere Sendungen kann man sich bei der Post bzw. anderen Transportunternehmen informieren.
Im Internet findet man Informationen z. B. unter
- www.deutschepost.de
- www.ups.de
- www.dhl.de
- www.dpd.de

Erklärungen zum Versand

1. Deutsche Post AG

Büchersendungen
Sie enthalten nur Bücher, Broschüren, Notenblätter oder Landkarten und dürfen nicht geschäftlichen Zwecken dienen. Es dürfen keine weiteren Nachrichten oder Briefe mit im Umschlag sein. Der Umschlag bleibt offen.

Einschreiben
Man unterscheidet:
- Übergabeeinschreiben = die Sendung wird dem Empfänger oder Empfangsberechtigten persönlich übergeben und von diesem quittiert.
- Einwurfeinschreiben = Einwurf in Briefkasten oder Postfach, wird von der Post dokumentiert.
- Eigenhändig = bei Übergabeeinschreiben. Übergabe nur an Empfänger persönlich.
- Mit Rückschein = nur bei Übergabeeinschreiben. Die Ablieferung der Sendung wird dem Absender auf einem vorbereiteten Rückschein bestätigt. Der Rückschein wird an den Absender zurückgeschickt.

Der Absender erhält einen Einlieferungsschein als Nachweis. Der Empfänger muss den Erhalt des Einschreibens bestätigen. Ein Rückschein dient als Nachweis für den Zugang einer Sendung (z. B. bei einer Kündigung).
Zur Kontrolle, ob die Sendung angekommen ist, kann man telefonische Auskunft erhalten oder im Internet unter www.deutschepost.de/briefstatus nachsehen.

Expressbrief
Expressbriefe werden am Tag nach der Einlieferung zugestellt. Die Eilzustellung ist auch an Feiertagen möglich. Je nach Uhrzeit der Zustellung gelten unterschiedliche Tarife.

Infopost
Infopost kann man verschicken, wenn es mindestens 50 Stück eines Briefs mit gleichem Inhalt sind. Die Infopost eignet sich für Rundbriefe, sie hieß früher „Drucksache".

Nachnahme
Eine Sendung wird an den Empfänger nur gegen Einzug des auf der Sendung angegebenen Nachnahmebetrags abgeliefert.

Porto
Als Porto bezeichnet man die Wertmarke (Briefmarke). So viel kostet die Zustellung einer Sendung.

Paket
Pakete werden mit einem Paketschein begleitet. Der Absender erhält einen Einlieferungsbeleg. Der Eingang des Pakets bei der Post wird mit einem Barcode-System erfasst.

Postfach
Man kann ein Postfach mieten. Ankommende Sendungen werden im Postfach bis zur Abholung gelagert.
Zugang zum Postfach besteht auch außerhalb der Schalterstunden.

Postlagernd
Postlagernde Sendungen werden gegen Gebühr 14 Tage für den Empfänger im Postamt aufbewahrt.

Telegramm
Ein Telegramm ist eine kurze Mitteilung, die nur aus wenigen Worten besteht. Der kurze Text kann telefonisch aufgegeben werden und wird schnell zugestellt, auch an Sonn- und Feiertagen.

Unfrei
Der Empfänger bezahlt die Gebühren der Sendung.

Warensendung
Als Warensendung kann man kleine Gegenstände wie Proben und Muster o. Ä. in un-

verschlossener Umhüllung aufgeben. Es dürfen keine Briefe oder Mitteilungen im selben Umschlag sein.

2. Weitere Begriffe

E-Mail

E-Mail ist die Abkürzung für „electronic mail". So ist eine schnelle, direkte und preiswerte Datenübermittlung möglich. Um E-Mails zu versenden, braucht man einen Computer mit einem Textverarbeitungsprogramm und einen Fernmeldeanschluss. Man unterhält einen elektronischen Briefkasten, zu dem man nur mit dem richtigen Passwort Zugriff hat.

Fax

Ein Fax ist eine Fernkopie. Ein Faxgerät ist ein Fernkopierer, der an das Fernmeldenetz angeschlossen ist.

Frachtbrief

Ein Frachtbrief begleitet eine „Fracht", in der Regel ein großes Transportgut. Er wird vom Absender ausgestellt. Ein Frachtbrief gibt Auskunft über Abschluss und Inhalt eines Frachtvertrags. Er informiert den Frachtführer (DB, Spedition) über das Frachtgut und den Empfänger. Er wird mitgeführt und am Ende dem Empfänger ausgehändigt.

Aufgaben

1. Informieren Sie sich bei der Deutschen Post AG über die aktuellen Portokosten. Nehmen Sie an, Sie seien für die Postbearbeitung in einem Betrieb zuständig. Pro Woche werden etwa 150 Briefe als Gästekorrespondenz versandt, und es werden täglich etwa 10 Bestellungen an Lieferanten verschickt.
Beschreiben Sie, wie Sie den Versand abwickeln würden. Achten Sie dabei auf Kosten und Effizienz!

2. Ein Mitarbeiter des Hotels hat sich an fremdem Eigentum vergriffen, und ihm wird deswegen gekündigt. Die fristgemäße Aushändigung der Kündigung muss nachweisbar sein.
Welche Versandform mit der Deutschen Post ist am besten dafür geeignet und warum?

3. Sie benötigen Informationen über günstige Anbieter zur Versendung eines Pakets mit einem Gewicht von 69 Kilogramm und besuchen die Internetseite von UPS (United Parcel Service); dort finden Sie die Angaben, dass Pakete zur Beförderung nicht mehr als 150 Pounds wiegen dürfen. Könnten Sie ihr Paket mit UPS befördern lassen?

(Tipp: Im Kapitel „Amerikanische und britische Maß- und Gewichtseinheiten" ist eine Umrechnungstabelle.)

12 Kommunikation im Magazin

Zu den Kommunikationsmitteln innerhalb und außerhalb des Betriebs gehört vor allem das Telefon. Außerdem wird schriftlich per E-Mail oder über Kurzmitteilungen miteinander kommuniziert. Auch ausgehängte Mitteilungen, z. B. am schwarzen Brett, gehören zu den Kommunikationsmitteln. Mängel in der Kommunikation führen zu Organisationsproblemen, daher muss Kommunikation eindeutig sein. Dann gibt es zwischen den Teilnehmern keine Missverständnisse, die den Arbeitsablauf erschweren oder das Betriebsklima belasten könnten.

- Beim Weiterverbinden dem Gesprächspartner mitteilen, mit wem er verbunden wird und warum.
- Wenn die zuständige Person nicht zu sprechen ist, für einen Rückruf sorgen.
- Nachrichten dem Gesprächspartner gegenüber wiederholen, um Missverständnisse zu vermeiden.
- Gesprächsnotiz oder Gesprächsprotokoll führen: WER will WAS von WEM und WARUM? Gewünschte Handlung treffend aufschreiben, z. B. wer in welcher Angelegenheit zurückrufen soll.
- Freundlich verabschieden.

12.1 Regeln zum Telefonieren

Bei jedem Telefonat repräsentieren die Mitarbeiter mit ihrer Stimme den Betrieb, für den sie arbeiten. Dem Gesprächspartner einen positiven Eindruck zu vermitteln, ist für befriedigende Geschäftsbeziehungen besonders wichtig.

In jeder Abteilung sollten Vordrucke vorhanden sein, um Gesprächsnotizen während des Telefonats aufzuschreiben. Neben jedem Telefonanschluss muss ein Verzeichnis mit den hausinternen Nummern sowie mit allen Notfallnummern befestigt sein.

- Notizblock bereitlegen.
- Lächeln beim Reden (bewirkt eine freundlich und zuvorkommend klingende Stimme).
- Während des ganzen Gesprächs deutlich und langsam sprechen.
- Deutlich und langsam den eigenen Namen und den angemessenen Tagesgruß sagen. („Guten Morgen, mein Name ist ..., wie kann ich Ihnen helfen?")
- Den Gesprächspartner mit Namen anreden.

12.2 Guidelines on using the telephone

The telephone is one of the most widely used and yet one of the most feared instruments of our daily lives. If you work as a storage supervisor or in the food and beverage department you don't have a choice. You have to answer the telephone, place orders, and talk to suppliers and deliverymen.

By answering the telephone at work you represent your company.

Follow the guidelines quoted below:
- Have a pad and a pencil beside you
- Smile while speaking
- Speak clearly and slowly
- To answer the phone:
  Pick up the receiver and say "Good Morning", "Good Afternoon", or "Good Evening", identify your place of work and add: "Can I help you?"
  e. g.: "Good Morning, this is the food and beverage department of the Seaside Hotel, my name is Mrs. Ginger. Can I help you?"
- Use the caller's name
  Repeat the important parts of the call (names,

Lernfeld Magazin **105**

addresses, times, dates, orders) to reassure the caller
- Try not to use "O.K."
("O.K." gives a sloppy impression to the caller – better say: all right)
- Finish the call politely, "Goodbye" is always better than just "Bye"

Beim Buchstabieren am Telefon benutzt man Buchstabier-Alphabete.

Buchstabier-Alphabet national

A = Anton	O = Otto
Ä = Ärger	Ö = Ökonom
B = Berta	P = Paula
C = Cäsar	Q = Quelle
CH = Charlotte	R = Richard
D = Dora	S = Samuel
E = Emil	SCH = Schule
F = Friedrich	T = Theodor
G = Gustav	U = Ulrich
H = Heinrich	Ü = Übermut
I = Ida	V = Viktor
J = Julius	W = Wilhelm
K = Kaufmann	X = Xanthippe
L = Ludwig	Y = Ypsilon
M = Martha	Z = Zacharias
N = Nordpol	

Buchstabier-Alphabet international

A = Amsterdam	N = New York
B = Baltimore	O = Oslo
C = Casablanca	P = Paris
D = Danemark	Q = Québec
E = Edison	R = Roma
F = Florida	S = Santiago
G = Gallipoli	T = Tripoli
H = Havana	U = Upsala
I = Italia	V = Valencia
J = Jérusalem	W = Washington
K = Kilogramme	X = Xanthippe
L = Liverpool	Y = Yokohama
M = Madagaskar	Z = Zürich

12.3 Regeln für schriftliche Mitteilungen

Für den Aufbau und Inhalt von E-Mails, Laufzetteln, Kurzmitteilungen, Aushängen am schwarzen Brett, Nachrichten bei Schichtwechsel von einem Mitarbeiter zum nächsten usw. gelten ähnliche Regeln wie für das Verfassen von Geschäftsbriefen. Auch kurze Mitteilungen sollten übersichtlich gestaltet und treffend formuliert sein.

- Adressat hervorheben.
- Anliegen kurz, aber nachvollziehbar beschreiben, so dass keine Nachfragen nötig sind.
- Gewünschte Handlung deutlich machen.
- Nachricht übersichtlich gestalten und optisch gliedern, z. B. mit farbigen Markierungen oder wechselnder Schriftgröße.
- In freundlichem Stil schreiben („Befehlston" sorgt nicht für Sympathie).

13 Datenverarbeitung

Computer sind wichtige Organisationsmittel. Mit ihrer Hilfe können Daten in gastronomischen Betrieben abteilungsübergreifend eingegeben, versandt und gespeichert werden. Der Informationsfluss zwischen den Abteilungen (z. B. bei Veranstaltungen) wird wesentlich erleichtert. Bei jedem Umgang mit Daten müssen Sicherheitsmaßnahmen eingehalten werden, um Unbefugten den Zugriff zu erschweren und die Daten zu schützen.

13.1 Hardware

Als Hardware werden alle **materiellen Teile** und das Zubehör eines Computers bezeichnet. Das sind u. a. Computer mit Festplatte, Gehäuse, Prozessor (z. B. Pentium), Monitor, Tastatur, Maus, Lautsprecher, Drucker, Verbindungskabel, Modem, CD-ROM-Laufwerk und Diskettenlaufwerk. Zur Eingabe von Daten benutzt man z. B. Tastatur, Maus, Scanner oder Digitalkamera und zur Ausgabe einen Drucker und Monitor. Die Sicherung der Daten erfolgt auf der Festplatte, auf CDs und auf Disketten.
In naher Zukunft wird es viele technische Neuentwicklungen geben, die das Spektrum der Hardware zur Datenein-, Datenausgabe und Speicherung erweitern werden.

13.2 Software

Zur Software zählen **Betriebssysteme,** ohne die ein Computer nicht zu bedienen wäre. Erst durch das Betriebssystem wird die Hardware „zum Leben erweckt" und für uns benutzbar. Betriebssysteme (z. B. DOS, Apple OS) ermöglichen die Grundfunktionen der Datenein- und Datenausgabe, das Speichern und die Organisation der Festplatte.

Zur Software gehören auch die Programme, die das Verarbeiten, Sortieren, Zuordnen und Umformen von Daten ermöglichen. Das sind z. B. Programme zur Tabellenkalkulation (Excel) und Textverarbeitung (Word) oder Grafikprogramme (Corel Draw). Weiterhin gibt es Kommunikationssoftware (zum Vernetzen mit anderen Computern) und Zugangssoftware fürs Internet (Internet-Explorer, Netscape Navigator).
Für den Einsatz im Hotel- und Gaststättengewerbe gibt es spezielle Branchensoftware, die auf die individuellen Bedürfnisse und die Größe eines Betriebs zugeschnitten wird.
Unabhängig davon, welche Software benutzt wird und wie klein oder groß das Datenverarbeitungssystem ist, müssen Anti-Viren-Programme zum Schutz der verarbeiteten Daten und der eigenen Dateien installiert sein.

13.3 Datenverarbeitung im Magazin

Elektronische Datenverarbeitung ist in vielen Bereichen der Gastronomie sinnvoll. Im Restaurant wird mit einem Kassen- und Boniersystem gearbeitet. In der Küche lassen sich Computer zur Erstellung und Speicherung von Rezepturen nutzen. Dies geschieht oft in Verbindung mit einer Kalkulation. Am Büfett gibt es elektronisch gesteuerte Ausgabe- und Schanksysteme, die an das Kassensystem angeschlossen sind.

Die Eingabe von Daten ist aus verschiedenen Abteilungen und an verschiedenen Stationen möglich, und Daten werden nicht doppelt eingegeben.

Es gibt auch Programme, die aus Rezepturen und aus dem **Verbrauch von Gütern** in der Küche den neuen **Bedarf** und die Bestellungen **kalkulieren.**

Lernfeld Magazin

Für die elektronische Datenverarbeitung im Magazin gibt es spezielle Warenwirtschaftssysteme. Sie können alle **Lagerbewegungen erfassen,** erleichtern die Inventur und helfen auch bei der Kostenkalkulation.

Zu- und Abgänge von Waren werden in einer Computerdatei statt auf einer Lagerkarteikarte gespeichert. Es ist jederzeit möglich, den aktuellen Lagerbestand zu erfahren. Wenn der Meldebestand einer Ware erreicht ist, kann automatisch eine Bestellung an einen Lieferanten versandt werden. Bestellvorgänge können so automatisiert werden, dass ein Angebotsvergleich von mehreren Lieferanten möglich ist und die **Bestellung direkt** per E-Mail oder Fax an den günstigsten Anbieter verschickt wird.

Auch beim Inventurwesen gibt es deutliche Erleichterungen durch die Warenwirtschaftsprogramme. Die **Permanentinventur** (elektronische Erfassung aller Bestandsveränderungen der Waren) wurde erst durch den Einsatz von Computern ermöglicht. Um die Jahres- oder Monatsinventur zu erleichtern, können fertige Inventurlisten ausgedruckt werden, die die Sollbestände aufführen. Nach der Bestandsaufnahme durch Zählen, Messen oder Wiegen werden die Istbestände eingelesen, und das System errechnet und analysiert die Differenzen und Verluste.

Die **Lagerkosten,** der Wareneinsatz und der Verbrauch können im Gesamten, nach Abteilungen oder nach Artikeln geordnet, erfasst werden. Alle Daten einzelner Waren können übersichtlich und gezielt abgefragt werden, z. B. sortiert nach Bestand, Artikelnummer, letzter Bestellung, Lieferant usw.
Zur Kalkulation zukünftiger Kosten wird automatisch der voraussichtliche Bedarf ermittelt.

In Zukunft wird es Barcode-Erfassungssysteme in der Warenannahme geben. Alle eingehenden Waren werden mit einem Strichcode versehen sein, dessen Daten über ein Lesegerät direkt ins Warenwirtschaftsprogramm übertragen und gespeichert werden. Die Warenausgabe innerhalb des Betriebs an die Abteilungen wird genauso organisiert sein, so dass die Dateneingabe über die Tastatur entfällt.

Programme für die Warenwirtschaft können in ein Hotelmanagement-System integriert werden, so dass u. a. die Warenbewegungen der Abteilungen mit dem Magazin vernetzt sind. Wenn z. B. der Mindestbestand einer Spirituose an der Bar erreicht ist (errechnet durch den Verbrauch, der durch die Bonierungen des Kellners gespeichert wird), wird ein Warenanforderungsschein in der Bar für das Magazin ausgedruckt. Außerdem wird die Bar mit dem Verbrauch der Spirituose und den Kosten belastet. So ist jederzeit abzulesen, wie hoch Warenverbrauch und -bedarf sind.

Warenwirtschaftsprogramme können bei der Datenverarbeitung im Magazin eine große Hilfe sein. Die Kosten für die Anschaffung und Installation sollten jedoch sorgfältig geprüft werden. Für kleine Betriebe ist die Anschaffung eines aufwendigen Systems nicht lohnend.

13.4 Datenschutz

Daten müssen nach unterschiedlichen Kriterien geschützt werden.

Schutz
- von personenbezogenen Daten vor Missbrauch
- vor Zugriff von außerhalb durch Unbefugte
- vor Verlust

Nach dem Bundes-Datenschutzgesetz (BDSG) müssen personenbezogene Daten von Bürgern vor Missbrauch geschützt werden. Daten, die geschützt werden müssen, sind z. B. Name, Anschriften, Telefonnummern, Berufe, Finanzangelegenheiten und Geschäftsangaben. Das gilt im Hotel vor allem für Daten von Gästen und Mitarbeitern. Es dürfen nur solche Daten erfasst werden, die zur Erfüllung der Aufgaben am Arbeitsplatz erforderlich sind. Falls personenbezogene Daten gespeichert werden, müssen die Betroffenen davon in Kenntnis gesetzt werden. Alle Mitarbeiter müssen das **Datengeheimnis wahren** und dürfen keine Daten nach außen weitergeben.

Der Schutz der Daten muss auch **gegen Zugriff von außerhalb** des Betriebs gewährleistet sein. Die gesamte Computeranlage muss vor Datenmissbrauch und Datenzerstörung durch Viren bewahrt werden. Dazu werden Anti-Viren-Programme installiert und regelmäßig den neuesten Anforderungen angepasst. Weitere Maßnahmen zum Schutz sind möglich. Es werden so genannte „Firewalls" (= Brandschutzmauern) eingerichtet.

Die eigenen Daten müssen **gegen Verlust** gesichert sein. Dazu werden Sicherungskopien (auf CDs oder Disketten) gezogen. Diese müssen an einem sicheren Ort aufbewahrt werden. Der gesamte Inhalt der Festplatte wird regelmäßig komplett gespeichert. Das nennt man „Backup". Dadurch werden alle Abteilungen vor dem Verlust ihrer Daten geschützt.

13.4.1 Passwort

Allgemein muss mit Daten vorsichtig umgegangen werden. Nicht jeder, der im Betrieb arbeitet, darf Zugang zu allen Daten haben. Das gilt für alle Geschäftsdaten im Hotel, nicht nur für die personenbezogenen Angaben. Damit nur zuständige Personen an die Dateien kommen, die sie für ihre Arbeit benötigen, werden Passwörter benutzt. Die Vergabe und der regelmäßige Wechsel von Passwörtern kann über die Datenverarbeitungszentrale geregelt werden.

Passworte müssen oft geändert werden und sollten auf keinen Fall aus Namen, Begriffen oder Nummern bestehen, die Unbefugte mit der autorisierten Person in Verbindung bringen könnten. Wenn z. B. die Mitarbeiterin im Magazin den Namen ihres Ehemanns oder den Geburtstag ihrer Kinder als Passwort eingerichtet hat, ist dies nicht schwer zu erraten.

Gute Passworte:

- Kombination aus Groß- und Kleinbuchstaben (imoKLAp)
- Kombinationen aus Zahlen, anderen Zeichen und Buchstaben (98D#b3Aq)
- Worte, die sinnlos sind (Lrrpü)

Schlechte Passworte:

- Name des Partners
- Geburtstage
- Worte, die mit dem eigenen Hobby oder anderen Vorlieben zu tun haben

Nachdem man sich ein gutes Passwort ausgedacht hat, soll man es auf gar keinen Fall dort notieren, wo es andere lesen können. Am besten wird es gar nicht aufgeschrieben.

13.5 Internet

Das Internet ist das internationale Datennetz, auch World Wide Web (WWW) genannt.

Um Informationen und Dienste des Internets zu nutzen, braucht man einen Provider, der einem die Leitung zur Verfügung stellt und damit den Zugang ermöglicht. Bei ihm ist der Einwahlpunkt über die Telefonleitung. Der Provider unterhält eine Schnittstelle zum Internet mit vielen Telefonleitungen. Nach Möglichkeit sollte man einen örtlichen Provider wählen, damit man als Telefongebühr nur den Ortstarif bezahlen muss. Inzwischen gibt es viele Angebote von Firmen, die den Zugang zum Internet ermöglichen. Sie werben mit ganzen Softwarepaketen und sehr günstigen Pauschaltarifen (Flatrates) für einen Vertragsabschluss.

Zur **Information und Warenbeschaffung** ist das Internet ein wichtiges globales Medium geworden. Man kommt mühelos an neue Anbieter und direkte Informationen ohne langwieriges Herumtelefonieren. Die Suche nach bestimmten Informationen wird durch „Suchmaschinen" erleichtert. Dort gibt man die gesuchten Stichworte ein und bekommt als Ergebnis eine ganze Liste möglicher Treffer. Auch Suchmaschinen haben eine Adresse im Netz: z. B. www.yahoo.com oder www.fireball.de oder www.google.com.

Es existiert eine große Anzahl mit gastronomieverbundenen Seiten. Es gibt Informationen für die Berufsausbildung (virtuelles Klassenzimmer), Vertragstexte, Hygieneverordnungen sowie Veröffentlichungen aus Printmedien (Fachzeitschriften und Fachzeitungen), Rezeptsammlungen, Trendmeldungen, Neuigkeiten der Gaststättenverbände und vieles mehr.

Jeder Betrieb kann eine eigene Seite (Homepage) zur Information für Gäste gestalten, z. B. mit Speisekarten, Zimmerpreisen, Veranstaltungen oder Freizeitideen.

13.5.1 Sicherheit im Netz

Unter www.bsi.de kann man die Homepage vom Bundesamt für Sicherheit in der Informationstechnik besuchen. Dort gibt es detaillierte Informationen über sicheres Surfen im Netz, Maßnahmen zum Datenschutz, Hinweise zum Aufbau von Firewalls, Regeln für sicheres Mailen (keine unbekannten E-Mails öffnen) und dergleichen.

Man sollte sehr überlegt und verantwortungsbewusst mit der Bereitstellung von Daten im Netz (betrieblich und privat) umgehen. Kreditkartennummern, Bankverbindungen, Adressen, Passworte usw. können von geschickten und böswilligen Internetnutzern gelesen werden. Die „internationale Datenautobahn" ist an vielen Stellen durchsichtig.

Bevor man sich Informationen oder Programme aus dem Internet herunterlädt, sollte man sein eigenes System schützen. Informationen aus dem Netz können mit Viren verseucht sein. Im Jahr 2000 wurden durch zwei unterschiedliche Viren, die an unbekannten E-Mails hingen, ganze Netzwerke in großen Firmen lahm gelegt. Das Virus reproduzierte sich endlos, indem es sich der Adressenlisten in Mailboxen bediente und sich quasi 1000fach selbst verschickte.

Aufgaben

1. Erklären Sie, wozu bei der Datenverarbeitung ein Passwort dient!

2. Finden Sie im Internet mindestens 3 Seiten, die Ihnen Informationen liefern, die für Ihre Berufsausbildung hilfreich sind, und berichten Sie darüber!

3. Besuchen Sie die Seite www.bsi.de, und informieren Sie sich über Sicherheitsmaßnahmen zur Nutzung des Internets!

Zu Kapitel 1 — Lösungen

Aufgaben im Magazin   Seite 9 bis 13

1. **Zu den Tätigkeiten eines Magazinverwalters gehören**
   - Angebotsvergleiche
   - Einkauf und Bestellung von Waren
   - Annahme und Kontrolle von Warenlieferungen
   - Einsortieren von neuer Ware ins Lager
   - Lagerbedingungen gewährleisten
   - Kontrolle der Warenausgabe
   - Warendateien führen
   - Warenbestände kontrollieren
   - Inventur
   - Warenverbrauch und Warenbedarf ermitteln
   - Kontrolle der Mitarbeiter
   - Verwaltungsarbeiten

   Die täglichen Arbeiten eines Magazinverwalters sind abhängig von der Betriebsgröße. Entweder übernimmt er die anfallenden Aufgaben selbst, oder er delegiert sie an seine Mitarbeiter.

2. **Eigenschaften eines Mitarbeiters im Magazin**
   Gewünschte Eigenschaften sind z. B.
   - Ehrlichkeit (verantwortlich für große Geldbeträge)
   - Zuverlässigkeit
   - Verhandlungsgeschick (im Umgang mit Firmen, Verkäufern und Lieferanten)
   - Bereitschaft zur Frühschicht (Warenannahme)

3. Die Auszubildenden sollen sich im Ausbildungsbetrieb informieren. Sie lernen dadurch, wie Zuständigkeiten und Verantwortung für den Bereich Magazin verteilt sind, und sie wissen dann, wer dort arbeitet. Durch einen anschaulichen Bericht vor der Klasse erfahren die Mitschüler gegenseitig etwas über die Bedingungen und die Organisation verschiedener Ausbildungsbetriebe der Region.

   Der Beschreibung kann schriftlich in Form eines Berichts erfolgen, es kann ein Organigramm gezeichnet werden mit Personen und Aufgaben, oder es wird ein Referat vor der Klasse gehalten.
   Wenn das Ergebnis der Aufgabe mündlich vorgetragen wird, sollte den Schülern der sinnvolle Aufbau und die Gliederung eines Vortrags vorher deutlich erklärt werden. Bei Auswertung in schriftlicher Form müssen vorher gewünschte äußere Form und Länge besprochen werden.

4. **gesucht: Prozentwert**

   $$\frac{392\ € \times 2}{100} = 7{,}84\ €$$

   $$\begin{aligned}&\ 392{,}00\ €\\ &-\ \ \ 7{,}84\ €\\ \hline &\ 384{,}16\ €\end{aligned}$$

   Nach Abzug von 2 % Skonto müssen 384,16 € für das Fischbesteck bezahlt werden.

5. **gesucht: Prozentwert**

   $$\frac{514\ € \times 10}{100} = 51{,}40\ €$$

   $$\begin{aligned}&\ 514{,}00\ €\\ &-\ \ 51{,}40\ €\\ \hline &\ 462{,}60\ €\end{aligned}$$

   Der Messerkoffer kostet nach Abzug von 10 % Sonderrabatt noch 462,60 €.

Lernfeld Magazin

6. gesucht: Prozentwert

300 Flaschen × 3,90 € = 1170 €

$$\frac{1170 \text{ €} \times 3}{100} = 35,10 \text{ €}$$

```
  1170,00 €
-    35,10 €
  1134,90 €
```

Bei Begleichung der Rechnung innerhalb von 14 Tagen müssen noch 1134,90 € für den Wein bezahlt werden.

7. gesucht: Prozentwert

a) 220 Handtücher × 11,20 € = 2464 €

Bei einer Bestellung von 220 Handtüchern müssen 2464 € bezahlt werden.

b) 250 Handtücher × 11,20 € = 2800 €

$$\frac{2800 \text{ €} \times 10}{100} = 280 \text{ €}$$

```
  2800 €
-  280 €
  2520 €
```

Bei einer Bestellung von 250 Handtüchern wird der Mengenrabatt ausgenutzt, und es müssen 2520 € bezahlt werden.

c) 2520 € : 250 = 10,08 €

Der Preis pro Handtuch beträgt dann nur 10,08 € statt 11,20 €.

Bei Mehrbestellung kann der Rabatt ausgenutzt werden, und der Stückpreis verringert sich um 1,12 €.
Bei der größeren Bestellung müssen insgesamt 56 € mehr gezahlt werden.

8. gesucht: Prozentwert

$$\frac{420 \text{ €} \times 2,5}{100} = 10,50 \text{ €}$$

```
  420,00 €
-  10,50 €
  409,50 €
```

Nach Abzug des Skontos müssen 409,50 € für den Kühlschrank bezahlt werden.

9. gesucht: Prozentwert

60 Dosen × 2,90 € = 174 €

$$\frac{174 \text{ €} \times 12,5}{100} = 21,75 \text{ €}$$

```
  174,00 €
-  21,75 €
  152,25 €
```

Wenn 60 Dosen bestellt werden, sind 152,25 € zu bezahlen.

10. gesucht: Prozentwert

$$\frac{19\,950 \text{ €} \times 8}{100} = 1596 \text{ €}$$

```
  19 950 €
-  1 596 €
  18 354 €
```

$$\frac{18\,354 \text{ €} \times 3,5}{100} = 642,39 \text{ €}$$

```
  18 354,00 €
-    642,39 €
  17 711,61 €
```

Für den Bus müssen nach Abzug der Preisnachlässe noch 17 711,61 € bezahlt werden.

11. gesucht: Prozentwert

$$\frac{685 \text{ €} \times 5}{100} = 34,25 \text{ €}$$

685,00 €
− 34,25 €
650,75 €

$$\frac{650{,}75\ € \times 3}{100} = 19{,}52\ €$$

650,75 €
− 19,52 €
631,23 €

Nach Abzug der Preisnachlässe sind 631,23 € für die frischen Hummer zu bezahlen.

12. gesucht: Prozentwert

a) Angebot 1:

$$\frac{578\ € \times 3}{100} = 17{,}34\ €$$

578,00 €
− 17,34 €
560,66 €

$$\frac{560{,}66\ € \times 3}{100} = 16{,}82\ €$$

560,66 €
− 16,82 €
543,84 €

Angebot 2:

$$\frac{620\ € \times 7}{100} = 43{,}40\ €$$

620,00 €
− 43,40 €
576,60 €

$$\frac{576{,}60\ € \times 3}{100} = 17{,}30\ €$$

576,60 €
− 17,30 €
559,30 €

Die Maschine aus Angebot 1 kostet 543,84 € und die aus Angebot 2 kostet 559,30 €.

b) Sie sollten sich für Angebot 1 entscheiden, weil es günstiger ist.

13.

Rechnungsbetrag vorher	Rechnungsbetrag nach Abzug der Preisnachlässe
5 369,00 €	4 426,74 €
326,00 €	303,51 €
22,80 €	21,89 €
18 847,65 €	16 911,06 €
2 263,45 €	1 918,73 €

14. gesucht: Prozentsatz

1640,00 € (Grundwert)
− 1525,20 €
114,80 € (Prozentwert)

$$\frac{114{,}80\ € \times 100}{1640\ €} = 7\ \%$$

Es wurden 7 % Rabatt für das Hotelporzellan eingeräumt.

15. a)

25		Enten × 6,30 €	=	157,50 €
3	kg	Maronen × 3,65 €	=	10,95 €
10	kg	Äpfel × 1,56 €	=	15,60 €
25	kg	Rotkohl × 1,85 €	=	46,25 €
50	kg	Kartoffeln × 1,98 €	=	99,00 €
				329,30 €

Die Rechnung beträgt 329,30 €.

b) gesucht: Prozentwert

$$\frac{329{,}30\ € \times 10}{100} = 32{,}93\ €$$

329,30 €
− 32,93 €
296,37 €

$$\frac{296{,}37\ € \times 2}{100} = 5{,}93\ €$$

296,37 €
− 5,93 €
290,44 €

Bei Ausnutzung der Preisnachlässe sind nur 290,44 € für die Lebensmittel zu zahlen.

Lernfeld Magazin

16.

150 Tischdecken	× 19,10 €	=	2865,00 €
500 Servietten, blau	× 3,80 €	=	1900,00 €
50 Servietten, weiß	× 2,95 €	=	147,50 €
300 Deckservietten	× 17,85 €	=	5355,00 €
			10 267,50 €

$$\frac{10\,267{,}50\ € \times 6{,}5}{100} = 667{,}39\ €$$

$$\begin{array}{r}10\,267{,}50\ €\\ -\ \ \ 667{,}30\ €\\ \hline 9\,600{,}11\ €\end{array}$$

$$\frac{9\,600{,}11\ € \times 2{,}5}{100} = 240\ €$$

$$\begin{array}{r}9\,600{,}11\ €\\ -\ \ \ 240{,}00\ €\\ \hline 9\,420{,}11\ €\end{array}$$

Nach Abzug von Rabatt und Skonto müssen 9420,11 € für die Tischwäsche bezahlt werden.

17. a) gesucht: Prozentsatz

$$\begin{array}{r}692{,}00\ €\\ -\ 619{,}34\ €\\ \hline 72{,}66\ €\end{array}\quad \text{(Messerabatt)}$$

$$\frac{72{,}66\ € \times 100}{692\ €} = 10{,}5\ \%$$

Es wurden 10,5 % Messerabatt für die Fritteuse eingeräumt.

b) gesucht: Prozentsatz

$$\begin{array}{r}619{,}34\ €\\ -\ 597{,}66\ €\\ \hline 21{,}68\ €\end{array}\quad \text{(Skonto)}$$

$$\frac{21{,}68\ € \times 100}{619{,}34\ €} = 3{,}5\ \%$$

Es wurden außerdem 3,5 % Skonto gewährt.

18. gesucht: Prozentwert

a) $\dfrac{136{,}50\ € \times 3}{100} = 4{,}10\ €$

$$\begin{array}{r}136{,}50\ €\\ -\ \ \ 4{,}10\ €\\ \hline 132{,}40\ €\end{array}$$

$$\frac{132{,}40\ € \times 1}{100} = 1{,}32\ €$$

$$\begin{array}{r}132{,}40\ €\\ -\ \ \ 1{,}32\ €\\ \hline 131{,}08\ €\end{array}\quad \text{für 15 Flaschen Campari}$$

131,08 € : 15 Flaschen = 8,74 €

Bei Ausnutzung der Preisnachlässe kostet 1 Flasche Campari 8,74 €.

b) 136,50 € : 15 Flaschen = 9,10 €

Vor Abzug der Preisnachlässe kostete 1 Flasche Campari 9,10 €.

19. Angebot 1:

$$\frac{13\,250\ € \times 3}{100} = 397{,}50\ €$$

$$\begin{array}{r}13\,250{,}00\ €\\ -\ \ \ 397{,}50\ €\\ \hline 12\,852{,}50\ €\end{array}$$

Angebot 2:

$$\frac{13\,650\ € \times 7{,}5}{100} = 1\,023{,}75\ €$$

$$\begin{array}{r}13\,650{,}00\ €\\ -\ 1\,023{,}75\ €\\ \hline 12\,626{,}25\ €\end{array}\quad \text{nach Abzug des Messerabatts}$$

$$\frac{12\,626{,}25\ € \times 16}{100} = 2020{,}20\ €\quad \text{(MwSt.)}$$

$$\begin{array}{r}12\,626{,}25\ €\\ +\ 2\,020{,}20\ €\\ \hline 14\,646{,}45\ €\end{array}\quad \begin{array}{l}\text{MwSt.}\\ \text{nach Hinzufügen der MwSt.}\end{array}$$

$$\frac{14\,646{,}45\ € \times 2}{100} = 292{,}93\ €$$

```
  14 646,45 €
-    292,93 €
  14 353,52 €   nach Abzug des Skontos
```

Angebot 3:

$$\frac{12\,900\ € \times 5}{100} = 645\ €$$

```
  12 900 €
-    645 €
  12 255 €
```

$$\frac{12\,255\ € \times 16}{100} = 1\,960{,}80\ €\ \text{(MwSt.)}$$

```
  12 255,00 €
+  1 960,80 €
  14 215,00 €
```

Aus dem Preisvergleich ergibt sich, dass das 1. Angebot für die Rattan-Möbel am günstigsten ist.

20. wird mit Dreisatz gerechnet

    380 € = 97 %
      ? € = 100 %

    $$? = \frac{100 \times 380\ €}{97}$$

    $$= 391{,}75\ €$$

```
   391,75 €
-   11,75 €
   380,00 €
```

Die Rechnung für das Dekorationsmaterial betrug 391,75 €.

21. a) gesucht: Prozentwert

    $$\frac{889\ € \times 3}{100} = 26{,}67\ €$$

```
   889,00 €
-   26,67 €
   862,33 €
```

Nach Abzug des Mengenrabatts sind 862,33 € zu zahlen.

b) $$\frac{862{,}33\ € \times 2{,}5}{100} = 21{,}56\ €$$

Es hätten zusätzlich 21,56 € bei rechtzeitiger Bezahlung gespart werden können.

22. a) gesucht: Prozentwert

    0,08 € × 1000 Stück = 80 €

    $$\frac{80\ € \times 16}{100} = 12{,}80\ €$$

```
   80,00 €
-  12,80 €
   67,20 €
```

$$\frac{67{,}20\ € \times 2}{100} = 1{,}34\ €$$

```
   67,20 €
-   1,34 €
   65,86 €
```

65,86 € : 1000 Stück = 0,065 €

b) 0,08 € × 500 Stück = 40

$$\frac{40\ € \times 8}{100} = 3{,}20\ €$$

```
   40,00 €
-   3,20 €
   36,80 €
```

$$\frac{36{,}80\ € \times 2}{100} = 0{,}74\ €$$

```
   36,80 €
-   0,74 €
   36,06 €
```

36,06 € : 500 Stück = 0,072 €

Die Bestellung von 1000 Streichholzbriefchen ist günstiger.

23. 82 € = 97 %
     ? € = 100 %

$$? = \frac{100 \times 82\ €}{97}$$

= 84,54 €   vor Abzug von 3 % Skonto

84,54 € = 97 %
    ? € = 100 %

$$? = \frac{84,54\ € \times 100}{97}$$

= 87,15 €   vor Abzug von 3 % Sonderrabatt

Der Angebotspreis für das Thermometer betrug 87,15 €.

24. a) 100 % = 5 kg = 5000 g
         6 % = ? kg

$$? = \frac{6\ \% \times 5\ kg}{100\ \%} = 0,300\ kg$$

Die Tara wiegt 0,300 kg.

b) 1 kg = 3,70 €
   5 kg = 18,50 €   (inkl. Tara)

```
  5,000 kg
− 0,300 kg
  4,700 kg   →   4,700 kg = 18,50 €
```

4,700 kg = 18,50 €
1,000 kg =   ?   €

$$? = \frac{1\ kg \times 18,50\ €}{4,700\ kg} = 3,94\ €$$

Der Preis für 1 kg Champignons beträgt nach Abzug der Tara 3,94 €.

25. a) 50 kg = 100 %
         ? kg = 16 %

$$? = \frac{16\ \% \times 50\ kg}{100\ \%} = 8\ kg$$

Das Gewicht der Tara (Eisstückchen und Transportkiste) beträgt 8 kg.

b) 1 kg Schollenfilet = bfn.   8,90 €
   50 kg Schollenfilet = bfn. 445,00 €

```
  50 kg   Bruttogewicht
−  8 kg   Tara
  42 kg   Nettogewicht
```

42 kg = 445 €
 1 kg = ? €

$$? = \frac{1\ kg \times 445\ €}{42\ kg} = 10,60\ €$$

Der Nettopreis für 1 kg Schollenfilet beträgt 10,60 €.

c) Es sind insgesamt 445 € zu bezahlen (50 kg x 8,90 €). Der Käufer bezahlt damit dem Verkäufer die Ware (Schollenfilet) und die Verpackung (Eisstückchen). Der Nettopreis, der in Aufgabe 25. b) errechnet wurde, gilt als Grundlage für die Kalkulation des Wareneinsatzes. Dem Verkaufspreis für ein Gericht auf der Speisekarte liegt der Wareneinsatz zugrunde. Die Kosten, die der Käufer für Ware und Verpackung bezahlt hat, werden so an den Gast weitergegeben.

26. 15 kg = 100 %
      ? kg =   5 %

$$? = \frac{5\ \% \times 15\ kg}{100\ \%} = 0,750\ kg$$

```
  15,000 kg
−  0,750 kg
  14,250 kg
```

Es können 14,250 kg Aprikosenkonfitüre verarbeitet werden.

27. 14,500 kg = 100 %
　　　? kg = 9 %

$$? = \frac{9\ \%\ \times\ 14{,}500\ \text{kg}}{100\ \%} = 1{,}305\ \text{kg}$$

```
  14,500 kg
−  1,305 kg
  13,195 kg
```

13,195 kg = 8,97 €
 1,000 kg = ? €

$$? = \frac{1\ \text{kg}\ \times\ 8{,}97\ €}{13{,}195\ \text{kg}} = 0{,}68\ €$$

Der Nettopreis für 1 kg Birnen beträgt 0,68 €.

28. a) 70 kg = 100 %
　　　? kg = 19 %

$$? = \frac{19\ \%\ \times\ 70\ \text{kg}}{100\ \%} = 13{,}300\ \text{kg}$$

```
  70,000 kg   Bruttogewicht
− 13,300 kg   Tara
  56,700 kg   Nettogewicht
```

56,700 kg = 546 €
 1,000 kg = ? €

$$? = \frac{1\ \text{kg}\ \times\ 546\ €}{56{,}700\ \text{kg}} = 9{,}63\ €$$

1 kg Rotbarsch kostet netto 9,63 €.

29. a) 12 Dosen × 7,500 kg = 90 kg Bruttogewicht
　　12 Dosen × 0,380 kg = 4,560 kg Tara

```
  90,000 kg   Bruttogewicht
−  4,560 kg   Tara
  85,440 kg   Nettogewicht
```

85,440 kg : 12 Dosen = 7,120 kg

Die Ananasscheiben aus einer Dose wiegen netto 7,120 kg.

b)　　　　　　90 kg × 1,77 € = 159,30 €
　Nettogewicht　85,440 kg　　= 159,30 €

85,440 kg = 159,30 €
 1,000 kg = ? €

$$? = \frac{1\ \text{kg}\ \times\ 159{,}30\ €}{85{,}440\ \text{kg}} = 1{,}86\ €$$

Der Nettopreis für 1 kg Ananasscheiben beträgt 1,86 €.

30. 10 kg = 100 %　Bruttogewicht
　　　? kg = 6 %　Tara

$$? = \frac{6\ \%\ \times\ 10\ \text{kg}}{100\ \%} = 0{,}600\ \text{kg}$$

Die Tara beträgt 600 g.

```
  10,000 kg
−  0,600 kg
   9,400 kg
```

10,000 kg = 24,35 € bfn.
 9,400 kg = 24,35 € netto

9,400 kg = 24,35 €
1,000 kg = ? €

$$? = \frac{1\ \text{kg}\ \times\ 24{,}35\ €}{9{,}400\ \text{kg}} = 2{,}59\ €$$

1 kg Blaubeeren kostet netto 2,59 €.

31.
```
  3,000 kg   Bruttogewicht
− 0,450 kg   Tara
  2,550 kg   Nettogewicht
```

3,000 kg = 13,70 € bfn.
2,550 kg = 13,70 € netto

```
  13,70 €
−  1,85 €  Pfand
  11,85 €
```

2550 g = 11,85 €
 500 g = ? €

$$? = \frac{500\,g \times 11{,}85\,€}{2500\,g} = 2{,}37\,€$$

Der Nettopreis für 500 g Himbeeren beträgt 2,37 €.

32. Bruttogewicht   100,0 %
    − Tara   1,3 %
    Nettogewicht   98,7 %

2,500 kg = 1,3 %
   ? kg = 98,7 %

$$? = \frac{98{,}7\,\% \times 2{,}500\,kg}{1{,}3\,\%} = 189{,}808\,kg$$

Das Nettogewicht der Ware beträgt 189,808 kg.

33. Bruttogewicht   100 %
    − Tara   0,9 %
    Nettogewicht   99,1 %

1,700 kg = 0,9 %
   ? kg = 100 %

$$? = \frac{100\,\% \times 1{,}700\,kg}{0{,}9\,\%}$$

= 188,888 kg Bruttogewicht

  188,888 kg   Bruttogewicht
−   1,700 kg   Tara
  187,188 kg   Nettogewicht

Das Bruttogewicht der Sendung beträgt 188,888 kg. Nachdem die Tara von 1,700 kg abgezogen wird, beträgt das Nettogewicht der Ware 187,188 kg.

Brutto   **Tara** **Netto**

Zu Kapitel 2 — Lösungen

Hygiene im Magazin Seite 23

1. Der Betrieb ist selbst verantwortlich. Die allgemeinen Hygienevorschriften sind seit dem 8. Februar 1998 in Kraft und lösten die Hygieneverordnungen der einzelnen Bundesländer ab. Eigenkontrollen nach HACCP-Grundsätzen und Schulung des Personals sind in § 4 LMHV geregelt. Die Durchführung dieser Vorschriften ist seit dem 8. August 1998 verpflichtend. Entsprechend der Vorgabe durch die Richtlinie 93/43/EWG (Hygiene-Richtlinie) ist die Dokumentation der Eigenkontrolle nicht ausdrücklich vorgeschrieben.

„Es besteht aber nach § 41 des Lebensmittel- und Bedarfsgegenständegesetzes die Verpflichtung, die in den Betrieben durchgeführten Eigenkontrollmaßnahmen gegenüber den Überwachungsbehörden darlegen zu können. Es wird – auch unter Produkthaftungsgesichtspunkten – dringend empfohlen, die Durchführung der Eigenkontrollen durch das Führen eigener betrieblicher Aufzeichnungen (Dokumentation) zu belegen." (Amtliche Begründung zu § 4 LMHV, Bundesratsdrucksache 332/97)

2. **a)**
- angetaute Lebensmittel: Schollenfilet, Ente
- kaputte Verpackung: Sahne, frisches Hähnchenbrustfilet
- Liefertemperatur zu hoch: Innereien mit +10 °C, Schweinefleisch mit +18 °C
- MHD abgelaufen: Mayonnaise, geräucherte Forellenfilets
- MHD nicht ausreichend für geplante Lagerung: Bierfässer, Spirituosen
- unsaubere Ware, Lieferant oder Lieferwagen: Lieferant mit blutiger Schürze, Muttererde im Lieferfahrzeug
- Schädlinge (Eier, Kokons, Spinnweben): Sesamsamen mit Spinnweben, Mehl mit Mehlwürmern
- Mikroorganismen: Schimmel auf Brot, trüber Aufguss im Gurkenglas

b)
- Temperatur bei TK-Produkten steigt zu hoch
- unsaubere Transportmittel
- Schädlinge (Mäuse)

c)
- falsche Lagertemperatur
- nicht nach „rein" und „unrein" oder nach Lebensmittelgruppen getrennt

3.–5. Sie können sich bei den Aufgaben 3. bis 5. an die abgedruckten Beispielformulare halten oder selbst eine sinnvolle Aufteilung entwerfen. Sie können einen Plan aufstellen, der auf die Bedingungen in Ihrem Ausbildungsbetrieb zugeschnitten ist, oder sich einen Fantasiebetrieb vorstellen und für die erdachten Bedingungen einen Plan aufstellen.

Zu Kapitel 3 — Lösungen

Warenannahme   Seite 33/34

1. Die Ergebnisse dieser Aufgabe können mündlich in der Klasse vorgetragen werden; so erfahren die Schüler gegenseitig etwas über die unterschiedliche Organisation in den Betrieben.

    Leitfragen:
    - Wer bestellt?
    - Wer kontrolliert die ankommende Ware?
    - Was wird tatsächlich bei der Warenannahme kontrolliert?
    - Wann wird geliefert?
    - Wer räumt die neue Ware ein?

2. a) Bei der Warenannahme werden folgende Geräte benötigt:
    Waage, Thermometer (Sichtthermometer, Infrarotthermometer), Rollwagen oder andere Transporthilfen

    Außerdem sollten die aktuellen Bestellungen, deren Lieferung erwartet wird, bereitliegen und Vordrucke für die Warenannahmeprotokolle.

    b)
    - Maispoularden:
      max. +4 °C, zählen, prüfen, ob es tatsächlich Mais- und nicht andere Poularden sind. Geruchlos? Sauber?
    - Wachteln:
      max. +4 °C, zählen, tatsächlich Wachteln? Geruchlos? Sauber?
    - Wildlachs:
      max. +2 °C, klare Schleimhaut, klare Augen, festes Bindegewebe, rote Kiemen, kein Geruch, wiegen
    - Zander:
      max. +2 °C, Frischemerkmale: s. o., wiegen
    - TK-Scampi:
      Bezeichnung auf Verpackung korrekt? MHD ausreichend? Max. −15 °C, wiegen, saubere Verpackung?
    - Äpfel:
      ohne Druckstellen, sauber, wiegen
    - Eichblattsalat:
      frische, knackige Blätter, zählen
    - Ananas:
      keine braunen Stellen, frischer fruchtiger Geruch am unteren Ende, zählen
    - Rucola:
      knackig, grün, keine gelben Blätter
    - Eier:
      richtige Handelsklasse und Größe? Zählen
    - Mehl:
      korrekte Type? Wiegen

3. Temperatur max. −15 °C

4. Kohlensäureflaschen werden aufrecht geliefert, aufrecht stehend und gesichert (Kette, Seil) auf der Sackkarre in den Bierkeller gebracht, dort gegen Umfallen gesichert, stehend gelagert.
    NIEMALS rollen!

5. Übereinstimmung von Bestellung, Lieferschein und Ware?
    Angabe auf dem Etikett kontrollieren: Jahrgang, Bezeichnung, Lage usw.

6. Ordnungsgemäße Lieferung der Ware, Annahme der Ware, keine offenen Mängel festgestellt

7. Menge, Artikelnummer, Art, Farbe

Zu Kapitel 4 — Lösungen

Amerikanische und britische Maß- und Gewichtseinheiten Seite 36 bis 39

1. a) **Bier: 3 barrel Guinness, 144 gallons Kilkenny**

1 british barrel	=	163,656 l x 3	=	490,968 l Guinness
1 imperial gallon	=	4,546 l x 144	=	+ 654,624 l Kilkenny
				1145,592 l Bier

Es wurden 1145,592 l Bier geliefert.

b) **Whiskey: 30 gills Tullamore Dew, 4½ pints Midleton, 1 gallon Jameson 1780**

1 british gill	=	0,142 l x 30	=	4,26 l Tullamore Dew
1 british pint	=	0,568 l x 4,5	=	+ 2,556 l Midleton
1 imperial gallon	=		=	+ 4,546 l Jameson 1780
				11,362 l Whiskey

Es wurden 11,362 l Whiskey geliefert.

c) **4 quarts Baileys:**

1 british quart	=	1,136 l x 4	=	4,544 l Baileys

```
    4,544 l    Baileys
+ 1145,592 l   Bier
+   11,362 l   Whiskey
  1161,498 l   alkoholische Getränke
```

Insgesamt wurden 1161,498 l alkoholische Getränke geliefert.

d) Kohlensäureflaschen müssen immer aufrecht und gegen Umfallen gesichert (Kette, Seil) transportiert und gelagert werden.

2. a) ■ **Orange Marmalade:**
  1 lb = 453,59 g x 12 glasses = 5443,08 g

■ **Lime Marmalade:**
  1 oz = 28,35 g x 12 = 340,2 g each glass
  340,2 g x 6 glasses = 2041,2 g

■ **Rose Petal Jelly:**
  1 oz = 28,35 g x 14 = 369,6 g each glass
  369,2 g x 9 glasses = 3572,1 g

■ **Colman's Mustard Powder:**
  1 dram = 1,772 g x 113 = 200,236 g each can
  200,236 g x 3 cans = 600,708 g

■ **Piccalilli Pickles:**
  1 lb = 453,59 g x 1,5 = 680,385 g each can
  680,385 g x 5 cans = 3401,925 g

b) ■ **Mint Sauce:**
  1 gill = 0,142 l x 2 = 0,284 l

- Worcestershire Sauce:
  1 gill = 0,142 l : 2 = 0,071 l each bottle
  0,071 l x 15 bottles = 1,065 l

c)   1,420 l   Mint Sauce
   + 1,065 l   Worcestershire Sauce
   ─────────
     2,485 l

Es wurden 2,485 l geliefert.

d)   5 443,080 g   Orange Marmalade
   + 2 041,200 g   Lime Marmalade
   + 3 572,100 g   Rose Petal Jelly
   +   600,708 g   Colman's Mustard Powder
   + 3 401,925 g   Piccalilli Pickles
   ─────────
    15 059,013 g

15059,013 g : 1000 = 15,059 kg

Es müssen 15,059 kg eingelagert werden.

3. 1 british pint = 0,568 l x 2 =   1,136 l Guinness
                                  + 0,568 l Cider
                                  ─────────
                                    1,704 l

1,704 l x 10 = 17,04 dl

Michael hat im Pub 17,04 dl getrunken.

4. a) ■ Caramel toffee:
      1 oz = 28,35 g x 16 = 453,6 g
   ■ White hazelnut toffee:
      1 oz = 28,35 g x 18,5 = 524,475 g
   ■ Ginger toffee:
      1 oz = 28,35 g x 14,5 = 411,075 g

   In der Mischung sind 453 g caramel toffee,
   524 g white hazelnut toffee
   und 411 g ginger toffee.

b)   453,6 g   caramel toffee
   + 524,475 g   white hazelnut toffee
   + 411,075 g   ginger toffee
   ─────────
   1 389,150 g   Mischung

1389,15 g : 1000 = 1,389 kg Toffee-Mischung

Die Toffee-Mischung wiegt insgesamt
1,389 kg.

5. Ahornsirup:
1 US gill = 0,118 l x 3 = 0,354 l pro Flasche

0,354 l x 25 = 8,85 l

Es können 8,85 l Ahornsirup verbraucht
werden.

6. Kilkenny:
1 british pint = 0,568 l x 20 = 11,36 l pro Kasten
11,36 l x 3 Kästen = 34,08 l

Guinness:
1 british gill = 0,142 l x 3 = 0,426 l pro Flasche
0,426 l x 20 Flaschen = 8,52 l pro Kasten
8,52 l x 7 Kästen = 59,64 l

Lager:
1 british barrel = 163,656 l x 2 = 327,312 l

Cider:
1 british barrel = 163,656 l

    34,080 l   Kilkenny
 + 59,640 l   Guinness
 + 327,312 l   Lager
 + 163,565 l   Cider
 ─────────
   584,688 l   Getränke

Es sind 584,688 l Getränke vorrätig.

7. 1 US gallon = 3,7853 l x 6 = 22,7118 l

Theoretisch können 22,7118 l ausgeschenkt
werden (wenn der Schankverlust nicht
berücksichtigt wird).

8. a) 1³/₄ oz = 1,75 oz
      1 oz = 28,35 g x 1,75 = 49,6125 g

   In einer Portionsdose Kaviar befinden sich
   fast 50 g, genau: 49,6125 g.

b) 49,6125 g x 25 Dosen = 1240,3125 g

Insgesamt wurden 1240,3125 g Kaviar geliefert.

9. a)

g	Rechnung		oz
50	50 × 0,035	→	1,75
750	750 × 0,035	→	26,25
30	30 × 0,035	→	1,05
340,2	←	12 × 28,35	12
155,925	←	5,5 × 28,35	5,5

b)

kg	Rechnung		lbs
25	25,000 × 2,21	→	55,25
12,358	12,358 × 2,21	→	27,31118
3,750	3,750 × 2,21	→	8,2875
3,375	←	7,50 × 0,45	7,5
144	←	320 × 0,45	320

10. a)

l	Rechnung		imperial gallons
3	3,00 × 0,26	→	0,66
³/₄	0,75 × 0,22	→	0,165
8,5	8,50 × 0,22	→	1,87
2,275	←	0,5 × 4,55	½
18,2	←	4,0 × 4,55	4

b)

l	Rechnung		US gallons
650	650,0 × 0,26	→	169
123	123,0 × 0,26	→	31,98
17,5	17,5 × 3,79	→	4,55
2,8425	←	0,75 × 3,79	³/₄
18,95	←	5,00 × 3,79	5

Sis is a „Maß"

Lernfeld Magazin

Zu Kapitel 5 — Lösungen

Hohlmaße und Gewichte   Seite 42 bis 44

1.
7680 l	:	100	=	76,80 hl
0,70 dl	:	1 000	=	+ 0,0007 hl
200 cl	:	10 000	=	+ 0,02 hl
60 ml	:	100 000	=	+ 0,0006 hl
100 l	:	100	=	+ 1 hl
				77,8267 hl

2.
0,57 hl	x	100	=	0,2 l
12 cl	:	100	=	+ 0,12 l
18 ml	:	1 000	=	+ 0,018 l
15 dl	:	10	=	+ 1,5 l
0,75 l			=	+ 0,75 l
				59,388 l

3.
2 cl	:	10	=	0,2 dl
150 ml	:	100	=	+ 1,5 dl
0,85 hl	x	1 000	=	+ 850 dl
10 hl	x	1 000	=	+ 10 000 dl
0,25 l	x	10	=	+ 25 dl
				10 876,7 dl

4.
0,75 l	x	100	=	75 cl
520 ml	:	10	=	+ 52 cl
0,02 hl	:	10	=	+ 200 cl
600 ml	:	10	=	+ 60 cl
3,25 l	x	100	=	+ 325 cl
				712 cl

5.
0,006 hl	x	100 000	=	600 ml
10 l	x	1 000	=	+ 10 000 ml
12 dl	x	100	=	+ 1 200 ml
6 cl	x	10	=	+ 60 ml
18 ml			=	+ 18 ml
				11 878 ml

6.
718 dl	x	100	=	71 800 ml
0,329 hl	x	100 000	=	+ 32 900 ml
12 cl	x	10	=	+ 120 ml
62 l	x	1 000	=	+ 62 000 ml
0,000008 hl	x	10000	=	+ 0,8 ml
				166 820,8 ml

7. | | | | | |
    |---|---|---|---|---|
    | 10 × 5 l | | | = | 50 l Milch, 3,5 % |
    | 5 × 1 l | | | = | + 5 l Milch, 1,5 % |
    | 3 × ¾ l | | | = | + 2,25 l Milch, 0,3 % |
    | 750 cl | | | = | + 7,5 l Schlagsahne |
    | 6 × 250 ml | = | 6250 ml : 1000 | = | + 1,5 l Kefir |
    | 13 × 5 dl | = | 65 dl : 10 | = | + 6,5 l Buttermilch |
    | | | | | 72,75 l |

Insgesamt wurden 72,75 l Molkereiprodukte geliefert.

8. a) | | | | | |
    |---|---|---|---|---|
    | 48 Flaschen | × | 0,75 l | = | 36 l |
    | 120 Flaschen | × | 1 l | = | + 120 l |
    | 72 Flaschen | × | 0,75 l | = | + 54 l |
    | | | | | 210 l : 100 = 2,1 hl |

Vom Winzer wurden 2,1 hl Wein geliefert.

b) | | | | | |
    |---|---|---|---|---|
    | 36 l Traubensaft | × | 0,56 € | = | 20,16 € |
    | 120 l Riesling | × | 3,60 € | = | + 432,00 € |
    | 54 l Portugieser | × | 4,10 € | = | + 221,40 € |
    | | | | | 673,56 € |

Es müssen 673,56 € bezahlt werden.

c) 673,56 € Rechnungsbetrag

$$\frac{673{,}35 \text{ €} \times 3}{100} = 20{,}21 \text{ €}\ \text{Treuerabatt}$$

   673,56 €
−   20,21 €   Treuerabatt
   653,35 €

$$\frac{653{,}35 \text{ €} \times 2}{100} = 13{,}07 \text{ €}\ \text{Skonto}$$

   653,35 €
−   13,07 €   Skonto
   640,28 €

Nach Abzug von Rabatt und Skonto müssen 640,28 € an den Winzer überwiesen werden.

Lernfeld Magazin

9. - Weißbier:
    0,5 l x 20 Flaschen   =   10 l x 6 Kästen   =   60 l
    - alkoholfreies Bier:
    0,33 l x 20 Flaschen   =   10 l x 5 Kästen   =   + 330 l
    - Starkbier:
    0,33 l x 20 Flaschen   =   66 l x 3 Kästen   =   + 198 l
                                                          _____
                                                          588 l

    Es sind 588 l Bier vorrätig.

10. a) - Rum:
    4 Fl. x 0,75 l   =   3 l x 100   =   300 cl
    - Gin:
    5 Fl. x 700 ml   =   3500 ml : 10   =   350 cl
    - Wodka:
    6 Fl. x 0,75 l   =   4,5 l x 100   =   450 cl

    Es können 300 cl brauner Rum, 250 cl Gin und 450 cl Wodka ausgeschenkt werden (wenn man den Schankverlust außer Acht lässt).

    b) - Rum:
    4 Fl. x 12,40 €   =   49,60 €
    - Gin:
    5 Fl. x 9,80 €   = + 49,00 €
    - Wodka:
    6 Fl. x 8,75 €   = + 52,50 €
                                                        _____
                                                         151,10 €

    Die Spirituosen haben einen Wert von 151,10 €.

11. 113 Pfd.   x 500   = 565 000 g : 100 000 =   0,565 t
    1 738 920 mg   : 1 000 000 000   = +   0,00173892 t
    6519 kg   : 1000   = +   6,519 t
    28 500 g   : 1 000 000   = +   0,0285 t
    12 dz   x 100   = 1200 kg : 1000   = +   1,2 t
                                                                   _____
                                                                     8,314238920 t

12. 0,03 t   x 1 000   =   30,000 kg
    12 dz   x 100   = +   1 700,000 kg
    12 700 g   : 1 000   = +   12,700 kg
    15,3 t   x 1 000   = +   15 300,000 kg
    52 g   : 1 000   = +   0,052 kg
                                          _____
                                             17 042,752 kg

13. 650 g   : 1 000   =   0,650 kg
    10 Ztr.   x 50   = +   500,000 kg
    0,325 kg   = +   0,325 kg
    17,2 t   x 1 000   = +   17 200,000 kg
    19 340 mg   : 1 000 000   = +   0,01934 kg
                                          _____
                                             17 700,994 kg

14.

0,008 t	x	1 000 000	=	8000 g
1 920 mg	:	1 000	=	+ 1,92 g
0,750 kg	x	1 000	=	+ 750 g
½ Pfd = 0,5 Pfd.	x	500	=	+ 250 g
16 mg	:	1 000	=	+ 0,016 g
				9001,936 g

15.

12 kg	x	1 000 000	=	12 000 000 mg
560 g	x	1 000	=	+ 560 000 mg
0,3 t	x	1 000 000 000	=	+ 300 000 000 mg
19 g	x	1000	=	+ 19 000 mg
0,025 kg	x	1 000 000	=	+ 25 000 mg
				312 604 000 mg

16. a)

Rindfleisch:			=	45,700 kg
Schweinelende:	12 500 g	: 1000	=	+ 12,500 kg
Mortadella:	5 750 g	: 1000	=	+ 5,750 kg
Salami:			=	+ 12,260 kg
Lammfleisch:			=	+ 22,480 kg
				98,690 kg

Es wurden 98,690 kg Fleisch und Fleischwaren geliefert.

b)

Rindfleisch:	45,700 kg	x 14,70 €	=	671,79 €
Schweinelende:	12,500 kg	x 15,10 €	=	+ 188,75 €
Mortadella:	5,750 kg	x 13,90 €	=	+ 79,93 €
Salami:	12,260 kg	x 16,40 €	=	+ 201,06 €
Lammfleisch:	22,400 kg	x 9,70 €	=	+ 217,28 €
				1358,81 €

Es müssen 1358,51 € bezahlt werden.

c) $\frac{1358,51\ € \times 3}{100} = 40,76\ €$ Skonto

```
  1358,51 €
-   40,76 €   Skonto
  1318,05 €
```

Nach Abzug von 3 % Skonto sind noch 1318,05 € zu zahlen.

17.

1 Ztr.	=	50,000 kg
½ Ztr.	=	+ 25,000 kg
¾ Ztr.	=	+ 37,500 kg
¼ dz	=	+ 25,000 kg
		137,500 kg

Es müssen insgesamt 137,500 kg Kartoffeln eingelagert werden.

Lernfeld Magazin

18. a) ■ Joghurt:

| 60 Becher | x | 150 g | = | 9 000 g | : | 1 000 | = | 9 kg |

■ Dickmilch:

| 12 Becher | x | 500 g | = | 6 000 g | : | 1 000 | = | + 6 kg |

■ Magerquark:

| 2 Eimer | x | 3 000 g | = | 6 000 g | : | 1 000 | = | + 6 kg |

■ Sahnequark:

| 3 Eimer | x | 5 000 g | = | 15 000 g | : | 1 000 | = | + 15 kg |

36 kg

Die Lieferung wiegt zusammen 36 kg.

b) ■ Joghurt:

| 60 Becher | x | 0,38 € | = | 22,80 € |

■ Dickmilch:

| 6 kg | x | 2,25 € | = | + 13,50 € |

■ Magerquark:

| 6 kg | x | 1,98 € | = | + 11,88 € |

■ Sahnequark:

| 15 kg | x | 2,66 € | = | + 39,90 € |

88,08 €

Die Rechnung wird 88,08 € betragen.

19.

| 1 Gros | = | 144 Stück |
| 2 Gros | = | + 288 Stück |

432 Stück

Im Kühlschrank muss Platz für 432 Eier sein.

20. a)

„Colchester": 5 x 12 = 60 Stück x 110 g = 6 600 g
„Portugaises": 3 x 12 = + 36 Stück x 75 g = + 2 700 g
„Whitestable": 2 x 12 = + 24 Stück x 120 g = + 2 880 g
                         120 Stück   12 180 g

Es wurden 120 Austern geliefert.

b) 12 180 g : 1 000 = 12,180 kg

Die 120 Austern wiegen zusammen 12,180 kg.

Zu Kapitel 6 — Lösungen

Lagerhaltung Seite 56 bis 59

1. Wenn der Beutel mit den Erbsen nicht wieder gut verschlossen wird, kann es zu Tiefkühlbrand kommen.

2. Gemüse, Salate und Kartoffeln gelten als „unreine" Lebensmittel, sie dürfen daher nicht mit anderen Lebensmitteln zusammen gelagert werden.
Gemüse und Salate können gemeinsam in einem Kühlraum lagern bei einer empfohlenen Temperatur von +3 bis +5 °C.
Kartoffeln lagern am besten auf einem Gitterrost in einem dunklen, gut belüfteten oder klimatisierten Kellerraum bei +4 °C.

3. Die angebrochene Packung muss gut verschlossen werden. Am besten wird das restliche Kakaopulver in einen gut schließenden, durchsichtigen Plastikbehälter umgefüllt.
Kakaopulver kann im Normallager bei einer empfohlenen Temperatur von +10 bis +15 °C lagern. Es muss ein trockenes Raumklima herrschen, damit der Kakao nicht klumpt.

4. Die Brötchen können bis zum Beginn des Abendservice in Körben gelagert werden. Sie sollten nicht abgedeckt und auf keinen Fall im Plastikbeutel aufbewahrt werden, damit die Gebäckrösche erhalten bleibt. Hier handelt es sich nur um einen kurzen Zeitraum. Wenn die Brötchen längere Zeit gelagert werden müssen, ist auf ein trockenes Raumklima mit geringer Luftfeuchtigkeit zu achten. So sind z. B. große Vorratsbehälter für Brot geeignet zur Aufbewahrung. Brötchen und Brot werden nicht im Kühlhaus gelagert, weil sie dort schnell „altbacken" werden.

5. Jeder zeichnet einen Grundriss der Lagerräume seines Ausbildungsbetriebs. Ist dies nicht möglich, sollte ein Ideal-Grundriss gezeichnet werden, der die Vorschriften zur getrennten Lagerung von Lebensmitteln und die unterschiedlichen notwendigen Kühltemperaturen berücksichtigt.
Diskutieren Sie anhand der Zeichnungen, ob die Lebensmittelgruppen getrennt gelagert werden, sich „rein" und „unrein" nicht überkreuzen und die Lagerräume sinnvoll angeordnet sind. Sind Abfalllager und Normallager für Papier, Möbel, Geschirr usw. angemessen berücksichtigt? Gibt es ausreichende Lüftungsmöglichkeiten? Entsprechen Ausstattung und Einrichtung den hygienischen Vorschriften?

6. - Scampi, tiefgefroren:
     mindestens −18 °C, Tiefkühllager
   - Lachsforellenfilet:
     bei −2 bis +2 °C, im Fischkühlraum
   - Hirschrücken:
     0 bis +4 °C, Kühlraum, getrennt von unverpackten Lebensmitteln
   - Ziegenkäse:
     +2 bis +5 °C, zusammen mit Milchprodukten
   - Birnen:
     +2 bis +5 °C, Kühlraum für Obst und Gemüse
   - Mehl:
     +10 bis +15 °C, Normallager, in Regalen, trocken
   - Himbeer-Essig:
     +10 bis +15 °C, Normallager

7. - Maispoularden, Wachteln:
     0 bis +3 °C, Kühlraum für Geflügel, getrennt von unverpackten Lebensmitteln, im Fleischkühlraum möglich, aber in einem Extraregal

Lernfeld Magazin

- Wildlachs, Zander:
  −2 bis +2 °C, Fischkühlhaus
- TK-Scampi:
  −25 bis −20 °C, Tiefkühlager
- Äpfel:
  +2 bis +5 °C, Kühlraum für Obst und Gemüse
- Eichblattsalat, Rucola:
  +2 bis +5 °C, Kühlraum für Gemüse und Obst
- Ananas:
  +8 bis +10 °C, Südfrüchte brauchen es wärmer, Obstkühlraum
- Eier:
  max. +7 °C, getrennt von unverpackten Lebensmitteln
- Mehl:
  +10 bis +15 °C, Normallager, in Regalen, trocken

Reihenfolge: 1. TK-Scampi
2. Lachs, Zander
3. Geflügel
4. Äpfel und Salate
5. Eier
6. Ananas
7. Mehl

8. 2,750 kg Schinken bei Lieferung
− 2,690 kg beim zweiten Wiegen
0,060 kg

0,060 kg × 1000 = 60 g

$$\text{Prozentsatz (\%)} = \frac{0{,}060 \text{ kg} \times 100}{2{,}750 \text{ kg}} = 2{,}18 \text{ \%}$$

Der Gewichtsverlust beträgt 2,18 %.

9. 0,500 kg × 1000 = 500 g

$$\text{Prozentwert (g)} = \frac{500 \text{ g} \times 3{,}6}{100} = 18 \text{ g}$$

500 g
− 18 g
482 g

Der Käse wiegt jetzt noch 482 g.

10. 2500 g Brötchenkonfekt geliefert
− 1750 g Brötchenkonfekt verzehrt
750 g werden gelagert

$$\text{Prozentwert (g)} = \frac{750 \text{ g} \times 1{,}2}{100} = 9 \text{ g}$$

750 g
− 9 g
741 g

Vor dem Abendgeschäft sind noch 741 g Brötchenkonfekt übrig.

11. 2 dz = 200 kg

$$\text{Prozentwert (kg)} = \frac{200 \text{ kg} \times 4{,}2}{100} = 8{,}400 \text{ kg}$$

Es sind 8,400 kg Kartoffeln verdorben.

12. $$\text{Grundwert (kg)} = \frac{585 \text{ g} \times 100}{3{,}25}$$

= 18 000 g : 1000 = 18 kg

Bei der Warenannahme wog das Fleisch 18 kg.

13. a) Weizenmischbrote:
750 g × 3 = 2250 g
− 2126 g
124 g Verlust

$$\text{Prozentsatz (\%)} = \frac{124 \text{ g} \times 100}{2250 \text{ g}} = 5{,}51 \text{ \%}$$

Roggenvollkornbrote:
550 g × 5 = 2750 g
− 2681 g
69 g

$$\text{Prozentsatz (\%)} = \frac{69 \text{ g} \times 100}{2750 \text{ g}} = 2{,}51 \text{ \%}$$

Bei den Weizenmischbroten entsteht ein Lagerverlust von 5,51 % und bei den Roggenvollkornbroten von 2,51 %.

b) Die Roggenvollkornbrote bleiben länger frisch.

14. **a)** Prozentwert (g) = $\dfrac{5000\ g \times 28}{1000}$ = 1400 g

1400 g der Bananen sind durch falsche Lagerung unbrauchbar.

b) 1 kg = 1,40 €   1400 g = 1,400 kg

1,40 € x 1,400 kg = 1,96 €

Durch falsche Lagerung ist ein Verlust von 1,96 € entstanden.

15. Grundwert (g) = $\dfrac{68\ g \times 100}{2,75}$

= 2472,7 g : 1000

= 2,472 kg

Bei der Einlagerung wog der Käse 2,472 kg.

16. **a)** Prozentwert (kg) = $\dfrac{4\ kg \times 76}{100}$ = 3,040 kg

Der Verlust durch die Schädlinge beträgt 3,040 kg.

b) 1 kg = 8,20 €

8,20 € x 3,040 kg = 24,93 €

Das entspricht einem Verlust von 24,93 €.

17. Grundwert (g) = $\dfrac{440\ g \times 100}{5,5}$ = 8000 g

= 8 kg

Der Schinken wog vorher 8 kg.

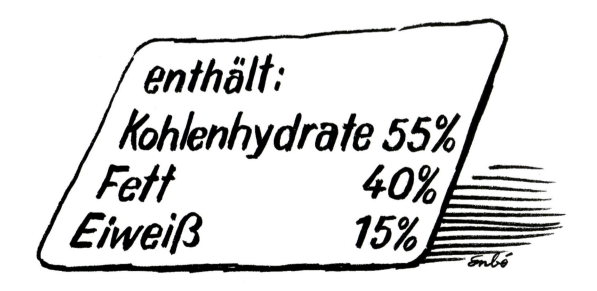

Zu Kapitel 7 — Lösungen

Warenausgabe   Seite 62/63

1. **a)** Zutaten mit 5 malnehmen

Heidelbeeren, ²/₅ Pfd. = 0,4 Pfd. x 500 g = 200 g x 5 = 1000 g = 1 kg

Mehl, ½ Pfd. = 250 g x 5 = 1250 g = 1,250 kg

Backpulver, 2 TL x 5 = 10 TL

Zitronenschale, 2 TL x 5 = 10 TL

Eier, 2 x 5 = 10

Butter, ⅕ Pfd. = 0,20 Pfd. x 500 g = 100 g x 5 = 500 g = 0,500 kg

Zucker, ⅙ Pfd. = 0,16 Pfd. x 500 g = 80 g x 5 = 400 g = 0,400 kg

Vanillezucker, 1 Päckchen x 5 = 5 Päckchen

Schmant, 150 g x 5 = 750 g = 0,750 kg

b) Warenanforderung: Patisserie

Es werden folgende Waren aus dem Magazin von .... angefordert:

1 kg	Heidelbeeren, TK (tiefgekühlt)
1 Packung	Backpulver (à 500 g)
3	Zitronen
10	Eier
500 g	Butter
5 Päckchen	Vanillezucker
2 Becher à 500 g	Schmant

(Mehl und Zucker sind noch genug vorhanden)

2. 13¼ Pfd. Mehl = 13,25 Pfd. x 500 g = 6625 g = 6,625 kg

7¾ Pfd. Butter = 7,75 Pfd. x 500 g = 3875 g = 3,875 kg

4 Dutzend Eier = 48 Eier

16½ Pfd. Zucker = 16,5 Pfd. x 500 g = 8250 g = 8,250 kg

Es wurden 6,625 kg Mehl, 3,875 kg Butter, 48 Eier und 8,250 kg Zucker ausgegeben.

3. **a)** 3 cl x 50 Personen = 150 cl Whisky : 100 = 1,5 l

3 cl x 50 Personen = 150 cl Zitronensaft : 100 = 1,5 l

2 cl x 50 Personen = 100 cl Läuterzucker : 100 = 1 l

Für 50 Personen werden 1,5 l Whisky, 1,5 l Zitronensaft und 1 l Läuterzucker benötigt.

b) Es müssen 2 Flaschen à 0,75 l Whisky, 1,5 l Zitronensaft und 1 l Läuterzucker angefordert werden.

c) Whisky: 1 l = 14,10 € x 1,5 l = 21,15 €

Zitronensaft: 0,75 l = 0,90 €
1 l = ? €

$? = \dfrac{1\,l \times 0{,}90\,€}{0{,}75\,l} = 1{,}20\,€$

Läuterzucker: 0,45 €

```
  21,15 €
+  1,20 €
+  0,45 €
─────────
  22,80 €
```

Die Bar wird mit 22,80 € belastet.

4. 2 Fl. Mineralwasser x 85 Personen
= 170 Fl. Mineralwasser

1 Fl. stilles Wasser x 85 Personen
= 85 Fl. stilles Wasser

1 Fl. Apfelsaft x 85 Personen = 85 Fl. Apfelsaft

1 Fl. Johannisbeersaft x 85 Personen
= 85 Fl. Johannisbeersaft

5 Schokoladentäfelchen x 85 Personen
= 425 Täfelchen Schokolade

9 Bonbons x 85 Personen = 765 Bonbons

3 Bleistifte x 85 Personen = 255 Bleistifte

25 Blatt Notizpapier x 85 Personen
= 2125 Blatt Papier

1 Textmarker x 85 Personen = 85 Textmarker

2 Kugelschreiber x 85 Personen
= 170 Kugelschreiber

5. a) 260 g Brokkoli x 85 Personen
= 22 100 g = 22,100 kg

160 g Putenstaek TK x 85 Personen
= 13 600 g = 13,600 kg

50 g Reis x 85 Personen = 4250 g
= 4,250 kg

100 g rote Grütze x 85 Personen
= 8500 g = 8,500 kg

5 cl flüssige Sahne x 85 Personen
= 425 cl = 4,25 l

b) Warenanforderung: Küche

22,100 kg	Brokkoli, frisch
13,600 kg	Putensteak, TK
4,250 kg	Reis
8,500 kg	rote Grütze (Dosen)
4,25 l	flüssige Sahne (1x 5-l-Behälter)

c) Die tiefgekühlten Putensteaks müssen zuerst in den Tiefkühlraum geräumt werden, danach die flüssige Sahne in den Kühlraum stellen. Der Brokkoli wird zum Putzen und Vorbereiten gebracht.
Wenn die Putensteaks auftauen sollen, müssen sie auf einem Gitter über einem Blech/einer Schale lagern, damit die Auftauflüssigkeit abtropfen kann.

Zu Kapitel 8 — Lösungen

Magazinverwaltung Seite 69 bis 71

1. Lieferzeit für die neue Ware, Verpackungseinheit.

2. Der Istbestand ist größer als der Sollbestand, und der Meldebestand wird schneller erreicht werden. Sofern der Fehler nicht aufgedeckt wird, erhöht sich auf Dauer der Lagerbestand dieses Weins um 35 Flaschen.

3. Als Maßnahme empfiehlt es sich, häufiger kleinere Mengen zu bestellen und die Lagerdauer dieser empfindlichen Produkte zu verkürzen.
   Durch den kürzeren Bestellturnus kann der Meldebestand verringert werden.

4. Sie soll den Artikel enthalten, Beschreibung des Artikels, Bestellmenge, Lieferzeit, Name und Anschrift des Lieferanten, Ersatzlieferant, übliche Verpackungseinheit und eventuell weitere sinnvolle Angaben.

5. a)
   - Stichtagsinventur:
     1-mal pro Jahr durch Zählen, Messen, Wiegen und Berechnen der Bestände
   - Monatsinventur:
     durch Zählen, Messen, Wiegen, in gastronomischen Betrieben möglich, nicht gesetzlich vorgeschrieben, bessere Kontrolle
   - permanente Inventur:
     Lagerbestände können jederzeit per EDV abgerufen werden

6. Es befinden sich 440 Flaschen Bier im Lager.

7. Es wurden 6 Flaschen gestohlen.

8. a)
Zucker:	17,750 kg	− 11,250 kg	=	6,500 kg
Bohnen:	5,500 kg	− 1,350 kg	=	4,150 kg
Mehl:	14,667 kg	− 6,230 kg	=	8,437 kg
Gelbe Linsen:	3,400 kg	− 1,490 kg	=	1,910 kg
Salz:	17,889 kg	− 5,750 kg	=	12,139 kg

   b) Durchschnittlicher Bestand = $\dfrac{\text{Anfangsbestand} + \text{Endbestand}}{2}$

Zucker:	17,750 kg	+ 11,250 kg	=	29,000 kg	: 2	= 14,500 kg
Bohnen:	5,500 kg	+ 1,350 kg	=	6,850 kg	: 2	= 3,425 kg
Mehl:	14,667 kg	+ 6,230 kg	=	20,897 kg	: 2	= 10,449 kg
Gelbe Linsen:	3,400 kg	+ 1,490 kg	=	4,890 kg	: 2	= 2,445 kg
Salz:	17,889 kg	+ 5,750 kg	=	23,639 kg	: 2	= 11,820 kg

c)

Zucker:	14,500 kg	× 0,58 €	=	8,41 €
Bohnen:	3,425 kg	× 6,20 €	=	21,24 €
Mehl:	10,449 kg	× 0,65 €	=	6,79 €
Gelbe Linsen:	2,445 kg	× 4,70 €	=	11,49 €
Salz:	11,820 kg	× 0,80 €	=	9,46 €

9. $\dfrac{760 \text{ Flaschen} + 420 \text{ Flaschen}}{2} = \dfrac{1180 \text{ Flaschen}}{2} = 590 \text{ Flaschen}$

Der durchschnittliche Lagerbestand beträgt 590 Flaschen Wein.

10. $\dfrac{55 \text{ Beutel} + 63 \text{ Beutel}}{2} = \dfrac{118 \text{ Beutel}}{2} = 59 \text{ Beutel}$

Der durchschnittliche Lagerbestand liegt bei 59 Beuteln Tiefkühlgemüse.

11. Durchschnittlicher Lagerbestand:

$$\dfrac{12\,500 \text{ €} + 6\,250 \text{ €}}{2} = \dfrac{18\,750 \text{ €}}{2} = 9375 \text{ €}$$

Der durchschnittliche Lagerbestand beträgt 9375 €.

$$\text{Warenumschlag} = \dfrac{\text{Warenkosten}}{\text{Durchschn. Lagerbestand}}$$

$$\dfrac{138\,490 \text{ €}}{9\,375 \text{ €}} = 14{,}77$$

Die Ware wurde fast 15-mal (14,77-mal) „umgeschlagen".

$$\text{Durchschnittliche Lagerdauer} = \dfrac{360 \text{ Tage}}{\text{Warenumschlag}}$$

$$\dfrac{360 \text{ Tage}}{14{,}77} = 24{,}37 \text{ Tage}$$

Die Ware befand sich durchschnittlich 24,37 Tage im Lager.

12. Durchschnittlicher Lagerbestand $= \dfrac{\text{Jahresanfangsbestand} + 12 \text{ Monatsinventuren}}{13}$

$$\dfrac{9170 \text{ €} + 128\,050 \text{ €}}{13}$$

$$= \dfrac{137\,200 \text{ €}}{13} = 10\,555{,}38 \text{ €}$$

Der durchschnittliche Bestand an Waren beträgt 10 555,38 €.

$$\dfrac{188\,390{,}00 \text{ €}}{10\,555{,}38 \text{ €}} = 17{,}85$$

Die Ware wurde fast 18-mal umgeschlagen.

Lernfeld Magazin

$$\frac{360 \text{ Tage}}{17,85} = 20,17 \text{ Tage}$$

Die Ware befand sich zirka 20 Tage im Lager.

13. $\frac{94 \text{ €} + 42 \text{ €}}{2} = \frac{136 \text{ €}}{2} = 68 \text{ €}$

Durchschnittlich ist Reis im Wert von 68 € im Lager vorhanden.

$$\frac{360 \text{ Tage} \times 2,80 \text{ €}}{68 \text{ €}} = \frac{1008 \text{ €}}{68 \text{ €}} = 14,82$$

Die Ware (Reis) wird fast 15-mal umgeschlagen.

$$\frac{360 \text{ Tage}}{14,82} = 24,29 \text{ Tage}$$

Die durchschnittliche Lagerdauer des Reisvorrats beträgt zirka 24 Tage.

14. $\frac{12 \text{ Dosen} + 9 \text{ Dosen}}{2} = \frac{21 \text{ Dosen}}{2} = 10,5 \text{ Dosen}$

10,5 Dosen x 2,65 € = 27,83 €

Der durchschnittliche Lagerbestand an Tomatenmark besteht aus 10,5 Dosen im Wert von 27,83 €.

3 x 2,65 € = 7,95 € pro Tag

7,95 € x 360 Tage =
2862 € für 1080 Dosen pro Jahr

$$\frac{2862 \text{ €}}{27,83 \text{ €}} = 102,83$$

Der Warenumschlag beträgt 102,83-mal.

$$\frac{360 \text{ Tage}}{102,83} = 3,5 \text{ Tage}$$

Das Tomatenmark lagert durchschnittlich 3,5 Tage.

15. a) 11,20 € = 0,75 l
? € = 1 l

$$? = \frac{1 \text{ l} \times 11,20 \text{ €}}{0,75 \text{ l}} = 14,93 \text{ €}$$

1 l Campari kostet 14,93 €.

b) $\frac{45 \text{ l} + 75 \text{ l}}{2} = \frac{120 \text{ l}}{2} = 60 \text{ l}$

Durchschnittlich werden 60 l Campari gelagert.

$$\frac{(2 \text{ l} \times 14,93 \text{ €}) \times 360 \text{ Tage}}{60} = \frac{29,86 \text{ €} \times 360 \text{ Tage}}{60}$$

$$= \frac{10\,749,60 \text{ €}}{60} = 179,16$$

Die Ware (Campari) wird fast 180-mal umgeschlagen.
Ein sehr hoher Warenumschlag bedeutet eine sehr geringe Kapitalbindung. Er ist daher positiv zu bewerten.

$$\frac{360 \text{ Tage}}{180} = 2 \text{ Tage}$$

Der Campari lagert durchschnittlich 2 Tage.

16. Meldebestand
= (Verbrauch pro Tag x Lieferzeit in Tagen)
+ Reservebestand

Verbrauch:
50 Eier + 27 Eier + 11 Eier = 88 Eier pro Tag

(88 Eier x 1 Tag) + 50 Eier = 138 Eier

Der Meldebestand beträgt 138 Eier.

17. (8 Flaschen x 8 Tage) + 30 Flaschen
= 94 Flaschen

Der Meldebestand für den Apfelsaft beträgt 94 Flaschen.

18. (1 Flasche x 7 Tage) + 12 Flaschen
= 19 Flaschen Sherry

Der Meldebestand für die Neubestellung von Sherry beträgt 19 Flaschen.

19. (25 Packungen x 7 Tage) + 130 Packungen
= 305 Packungen

Der neue Meldebestand liegt bei 305 Packungen Tee; der alte Meldebestand lag bei 380 Packungen.
Grundsätzlich gilt, dass durch schnellere Lieferzeiten Lagerkapazitäten (und damit Lagerkosten) eingespart werden.

20. (6 Flaschen x 12 Tage) + ? = 102 Flaschen
72 Flaschen + ? = 102 Flaschen

```
  102 Flaschen
-  72 Flaschen
   30 Flaschen  = Reservebestand
```

(6 Flaschen x 8 Tage) + 30 Flaschen
= 78 Flaschen

Der Meldebestand bei einer verkürzten Lieferzeit liegt nun bei 78 Flaschen Roséwein.

Zu Kapitel 9 — Lösungen

Kaufvertrag Seite 88/89

1.

a) Dies ist kein rechtlich wirksames Angebot; der „Feinkostkurier" wird an viele Betriebe versandt, er richtet sich nicht an einen bestimmten Betrieb oder an eine Person oder Personengruppe. Damit ein Kaufvertrag zustande kommen kann, wäre eine Bestellung des Käufers und eine Auftragsbestätigung des Verkäufers notwendig.

b) Dies ist ein rechtliches Angebot; die Preisliste wurde „gewünscht", d. h. angefordert, und ist an „den Einkäufer des Hotels Basel" adressiert und damit an eine bestimmte Person gerichtet.

c) Dies ist eine Anfrage – keine Bitte um ein Angebot. Der Chef möchte sich zunächst durch Prospekte und einen Vertreterbesuch über Kaffeeautomaten informieren. Der Vertreter der Kaffeerösterei könnte dann nach dem Informationsgespräch durchaus ein Angebot unterbreiten.

d) Die Firma „Fixdruck" schickt ein gültiges Angebot, sie antwortete auf eine Anfrage und informiert über die Konditionen für die Herstellung von Speise- und Visitenkarten für das Restaurant „Canard".

e) Dies ist kein gültiges Angebot; die Anzeige richtet sich an alle Leser der „Hotel- und Gaststätten-Zeitung". Ein Kaufvertrag könnte nur zustande kommen, wenn eine Bestellung und eine Auftragsbestätigung vom Verlag erfolgen.

2. Bei mangelhaften Lieferungen gibt es mehrere Möglichkeiten, um zu reagieren.

Ist es das erste Mal, dass ein Lieferant mangelhafte Ware liefert, sollte ihm keine böse Absicht unterstellt werden. Es sollte höflich nachgefragt bzw. reklamiert werden.

Bei wiederholten mangelhaften Lieferungen wird der Lieferant „gewarnt" und ihm eine Frist gesetzt.

Dauern die schlechten Lieferungen an, wird nach einem neuen Lieferanten gesucht.

Diskutieren Sie bei der Lösung der Aufgaben jeweils mehrere Möglichkeiten!

a) Direkt bei der Warenannahme mit dem Händler in Verbindung treten, solange der Lieferant noch da ist. Umtausch: Die 250 Flaschen Grauer Burgunder sollen am selben Tag geliefert werden. Ist dies nicht möglich, versucht der Wirt, den Wein woanders zu bekommen. Eventuell entstehen dabei Mehrkosten, die der erste Händler zu zahlen hätte (nur nach einer Fristsetzung).

b) Den Mangel auf dem Lieferschein vermerken, Ware soll umgetauscht werden. Es ist auch „Wandlung" möglich, d. h. Rücktritt vom Kaufvertrag, der Käufer nimmt keines der Rebhühner an. Falls zum wiederholten Male schlechte Ware geliefert wird, sollte der Händler gewechselt werden.

c) Der Eichblattsalat wird nicht angenommen, das wird auf dem Lieferschein notiert. Stattdessen soll so schnell wie möglich der bestellte grüne Blattsalat geliefert werden. Es ist auch „Minderung" möglich, d. h., der Kunde nimmt den Eichblattsalat an, z. B. für denselben Preis, den der Blattsalat gekostet hätte. Bei dieser Vorgehensweise mit dem Händler telefonieren, solange der Lieferant noch vor Ort ist.

d) Die Ware wird nicht angenommen. Es wird eine Mängelrüge geschrieben, in der die gewünschte Handlung deutlich wird, z. B. Umtausch.

e) Offensichtlich hat der Verkäufer im Angebot falsche Informationen angegeben. Der Käufer hat das Recht auf Wandlung: Rücktritt vom Kaufvertrag.

f) Dies ist ein versteckter Mangel. Der Verkäufer sollte vor Ort den Schaden besichtigen und wird eine Lösung vorschlagen. Im Falle einer Neuverlegung wird er die Kosten tragen. Dem Verkäufer muss eine Frist zur Behebung des Schadens gesetzt werden. Der Wirt hat bei nachweisbarem Schaden bzw. Kosten das Recht auf Schadensersatz.

g) Dies ist ein versteckter Mangel, der Käufer hat das Recht auf Umtausch oder Wandlung. Wenn der Weinhändler bisher zufriedenstellend geliefert hat und eine gute Geschäftsbeziehung besteht, wird es zu einer Einigung der Parteien kommen, und der Händler wird sich für die Unannehmlichkeiten erkenntlich zeigen.

h) Dies ist ein versteckter Mangel; Umtausch oder Wandlung ist möglich.

i) Offensichtlich hat der Fahrradhändler einen Unfall oder eine große Reparatur verschwiegen. Es handelt sich um einen arglistig verschwiegenen Mangel. Der Wirt hat das Recht auf Schadensersatz.

3. „Wandlung" bedeutet Rücktritt vom Kaufvertrag. Die Gläser werden zurückgeschickt; falls schon Geld an den Verkäufer gezahlt wurde, muss es zurückgegeben werden.

4. Kauf nach Probe.

5. Ab dem 13. September.

6. a) Zweckkauf.

b) Schadensersatz fordern; es muss keine Nachfrist gesetzt werden, Rücktritt vom Kaufvertrag.
Da sich in der Konditorei niemand meldet, wird versucht, die Ostereier woanders zu besorgen.

Lernfeld Magazin

Zu Kapitel 10 — Lösungen

Schriftverkehr im Magazin — Seite 101

Zu den Aufgaben zum Schriftverkehr gibt es keine Musterlösungen. Beispiele für die unterschiedlichen Inhalte sind im Text zu finden.
Geschäftsbriefe müssen so deutlich geschrieben werden, dass ein weiteres Telefongespräch zur Klärung der Sache überflüssig ist.
Schreiben Sie deutlich, welche Handlung Sie vom Empfänger erwarten!

1. **Inhalt der Anfrage:**
   - Hinweis auf Ausstellungsstand auf der Messe
   - Besonderes Interesse an Ausstechern und Gestaltungswerkzeugen für Büfetts
   - Bitte um Prospekt
   - Bitte um ein verbindliches Angebot mit Preisen, Lieferbedingungen, Zahlungsbedingungen usw.

2. **Die Bestellung enthält:**
   - Dank für das Angebot über Weingläser vom 09. 09. 01
   - Menge und Art der Bestellung (z. B. 100 Riesling-Gläser, Nr. 9101) mit denselben Angaben, wie sie im Angebot aufgeführt wurden (im Text hervorheben, z. B. einrücken)
   - Werden mehr als 500 Gläser bestellt, Hinweis auf Mengenrabatt
   - Liefer- und Zahlungsbedingungen wiederholen
   - Freude über Geschäftsbeziehung. Hoffen auf termingerechte Lieferung ausdrücken
   - Wer ist der zuständige Ansprechpartner, sollte es Rückfragen geben?

3. **Die Bestellung enthält:**
   - Hinweis auf Kollektion – Ware des Frühjahrskatalogs
   - Bestellte Artikel einrücken oder fett drucken
   - Liefer- und Zahlungsbedingungen
   - Bitte um Auftragsbestätigung

4. Eine Mängelrüge wird in freundlichem Ton verfasst. Sie gehen davon aus, dass es das erste Mal ist, dass mangelhafte Ware von diesem Lieferanten geliefert wird.

   Inhalt:
   - Dank für termingerechte Lieferung
   - Bedauern, dass Mängel festgestellt wurden
   - Mängel benennen
   - Gewünschte Handlung des Verkäufers beschreiben (z. B. Umtausch)

5. **Inhalt:**
   - Dank für termingerechte Lieferung der bestellten Artikel
   - Fehlen von 30 Fischplatten mit Artikel-Nr.- und Preisangabe
   - Bitte um Nachsendung mit Terminangabe

Zu Kapitel 11 — Lösungen

Postbearbeitung — Seite 104

1. Holen Sie Preisinformationen bei der Deutschen Post AG ein. Vergleichen Sie die Kosten, die beim Versand per Brief, per Fax oder per E-Mail entstehen würden.

   Außer den Kosten muss die Wirkung des gewählten Mediums auf die Gäste bedacht werden. Die Gästekorrespondenz soll persönlich wirken, aber auch zeitgemäß. Es ist von Ihrem Gästekreis abhängig, ob Kommunikation per E-Mail verkaufsfördernd wirkt oder nicht.

   Wenn Sie Gast im Hotel wären oder werden wollten, wie würde die Korrespondenz per E-Mail oder Fax oder per Brief auf Sie wirken?

   Diskutieren Sie die Vor- und Nachteile! Zur Entscheidungsfindung berufen Sie sich auf den Gästekreis Ihres Ausbildungsbetriebs!

   Die Bestellungen werden günstiger per E-Mail oder Fax verschickt. Die Wahl des Mediums ist abhängig von der technischen Ausstattung des Betriebs.

2. Ein Einschreiben, eigenhändig mit Rückschein. Der persönliche Empfang wird bestätigt.

3. UPS = United Parcel Service

   1 pound = 453,59 Gramm
   150 pounds = 68038,50 Gramm : 1000
   = 68,038 kg

   Das Paket ist um 962 Gramm zu schwer und kann nicht mit UPS befördert werden.

Zu Kapitel 13 — Lösungen

Datenverarbeitung Seite 110

1. Persönliche Passworte verhindern den Zugang nicht autorisierter Personen zu Daten. Sie dienen somit der Sicherheit der Daten gegen einen Zugriff von nicht zuständigen Personen.

2. Sie können solche Seiten über Suchmaschinen finden und sich durch vorgewählte Kategorien (z. B. „Berufsausbildung", „Schulen") weiterklicken; oder Sie geben einen Suchbegriff ein, z. B. „Hotelfachschule". Auch Material für Referate, Literaturhinweise, Kochrezepte usw. lässt sich finden. Sie können die Seiten, die Sie hilfreich finden, individuell auswählen und Ihren Mitschülern darüber berichten. So könnte ein „Internet-Seiten-Pool" in Ihrer Klasse entstehen. Wenn jeder 3 tolle Informationsseiten findet, sind das bei 20 Schülern schon 60 beurteilte Informationsquellen!

3. Hinter dem Kürzel „bsi" verbirgt sich das Bundesministerium für Sicherheit in der Informationstechnik. Hier werden Sie über Maßnahmen zur Sicherheit im Netz, sicherem Surfen, Sicherung der eigenen Datenbanken zu Hause usw. informiert.

Vocabulary List

Englische Vokabelliste für häufig verwendete Fachbegriffe im Lernfeld Magazin

to accept	=	annehmen	form	= Formular
account	=	Konto, Bericht, Rechnung	to freeze	= gefrieren
			goods	= Waren
accountancy	=	Buchhaltung, Rechnungswesen	gross	= Brutto
			guide-lines	= Regeln, Richtlinien
to add	=	zusammenzählen, hinzufügen	to increase	= steigern, vermehren
			inquiry	= Anfrage
administration	=	Verwaltung	item	= Ding, Gegenstand
to advertise something	=	etwas anbieten, für etwas werben	to label	= etikettieren
			mail	= Post
agreement	=	Übereinstimmung, Abkommen, Vertrag	marketlist	= Marktliste, Warenliste
balance due	=	Rechnungsbetrag, Soll	measure	= Maß
barrel	=	Fass	net	= Netto
to bear the costs	=	Kosten tragen	offer	= Angebot
beverage	=	Getränk	to offer	= anbieten
food and beverage department	=	wörtlich: „Essen und Getränke", wird auch im Deutschen auf Englisch bezeichnet: Food-and-Beverage-Abteilung	order	= Auftrag, Bestellung
			to order	= bestellen
			pad	= Notizblock, Konsole (für Hilfsgeräte)
			percent	= Prozent
catalog(ue)	=	Katalog, (Preis-)Verzeichnis	to pick up	= aufnehmen, (Hörer) abnehmen
capacity	=	Kapazität, Lagerkapazität	to be polite	= freundlich, höflich sein
cellar	=	Keller	post-office	= Postamt
charge	=	Gebühr, Kosten	price list	= Preisliste
confirmation	=	Bestätigung	prompt	= schnell, prompt
contract	=	Vertrag	purchase	= (An-, Ein-)Kauf
contract of purchase	=	Kaufvertrag	quantity discount	= Mengenrabatt
costly	=	kostspielig, teuer	ready-to-use	= gebrauchsfertig
to count	=	zählen	to reassure	= versichern
cutlery	=	(Tisch-, Ess-)Besteck	receipt	= Quittung
deliverymen	=	Lieferanten	receiver	= Telefonhörer
discount	=	Rabatt, Ermäßigung	receiving of goods	= Warenannahme
document administration	=	Schriftverkehr	to reduce	= vermindern
efficiency	=	Rationalität, Leistungsfähigkeit	to repeat	= wiederholen

reply	=	Antwort
request	=	Anfrage
to retain	=	zurückbehalten
sale	=	Verkauf, (Saison-)Schlussverkauf
shipment	=	Transport, (Waren-)Sendung
shipping documents	=	Warenbegleitpapiere
silverware	=	Silberwaren
stock	=	Lagerbestand, Vorrat
to do the stocktaking	=	Lagerbestand aufnehmen
to store	=	lagern, aufbewahren
to store in a cool place	=	Kühllagern
storage	=	Lagerung
storeman, storewoman	=	Lagerist/in
store-room	=	Lagerraum
store supervisor	=	Lagerverwalter
to supply	=	hinzufügen
supplementary	=	zusätzlich
terms	=	Bedingungen
terms of trade	=	Handelsbedingungen/Lieferbedingungen
value	=	Wert
turnover of goods	=	Warenumsatz
wholesaler	=	Großhändler

Literaturverzeichnis

Betriebswirtschaftslehre für gastronomische Berufe, W. Buschert, B. Rockenmeyer; Stam Verlag, 1993

Fachmathematik gastgewerblicher Berufe, H.-J. Ziegler; Schroedel-Gehlen, 1988

Fachrechnen für das Hotel- und Gaststättengewerbe, B. Feiertag u. a.; Stam Verlag, 1996

Fachrechnen für Hotel, Restaurant und Küche, Arbeitskreis H. Dettmer; Europa Lehrmittel Verlag, 1998

Gastgewerbliche Kennziffern schnell und einfach berechnen; DEHOGA (Hrg.), 4. Aufl., 1997

Gutes Deutsch, gute Briefe, G. Gladigau u. a.; Westermann Schulbuch Verlag, 18. Aufl., 1997

Hotel- und Gaststättenfachrechnen, G. Matzen, H. Mittmann; Stam Verlag, 10. Aufl., 1995

Hygiene-Leitfaden für die Gastronomie; DEHOGA (Hrg.), 3. Aufl., 1998

Lebensmittelhygiene transparent gemacht; Bundesverband der Lebensmittelkontrolleure e. V. (Hrg.), 1997

Pons und Collins, Großwörterbuch Deutsch-Englisch, Englisch-Deutsch, P. Terrell u. a.; Ernst Klett Verlag, 1997

So führen Sie einen umweltorientierten Betrieb; DEHOGA (Hrg.), 2. Aufl., 1997

Wirtschaftslehre für Hotellerie und Gastronomie, H. Dettmer; Verlag Handwerk und Technik, 1996